명화로 배우는 즐거운 역사

뒤샹은 왜 변기에 사인을 했을까?

Original title : "Pequeña historia de la pintura"
© José Antonio Marina, 2010
© Antonio Mingote, 2010
© Espasa Libros, S.L.U., 2010
Paseo de Recoletos 4, 28001 Madrid (Spain)

Korean Translation copyright © 2012 Pulbit Publishing Co.
The Korean Edition published by arrangement with ESPASA LIBROS S.L.U.
through Literary Agency Greenbook.

이 책의 한국어판 저작권과 판권은 저작권에이전시 그린북을 통한 저작권자와의 독점 계약으로 도서출판 풀빛에 있습니다. 저작권법에 의해 한국 내에서 보호를 받는 저작물이므로 무단 전재와 무단 복제, 전송, 배포 등을 금합니다.

명화로 배우는 즐거운 역사

뒤샹은 왜 변기에 사인을 했을까?

차례

머리말 ···006

수수께끼 피카소 ···012

시작은 어땠을까? ···020

신비의 이집트 ···026

크레타 섬의 비밀 ···034

그리스의 기적 ···040

로마, 건축의 욕망 ···048

동양의 미술가들 ···054

로마 제국의 종말 ···062

천방지축 서양 미술 ···070

최초의 리포터 ···078

혁명가 조토 ···084

화려한 부활, 르네상스 ···092

철쭉의 나라 ···102

이탈리아로 돌아가다 ···110

천재들이 다 모였다 ···120

강풍과 미풍 ···128

북으로의 여행 ···134

베네치아와 색채 ···144

베네치아, 톨레도에 오다 ···150

죽은 자연, 살아 있는 자연 ···156

시대의 전환, 바로크 ···162

북유럽의 분열 ···172

파리의 등장 ···180

혁명 ···186

모네의 수련 ···198

인상주의 화가들이여, 안녕 ···206

야수들이 오다 ···214

반 고흐의 손자들 ···220

세잔의 후예들 ···226

여행은 계속된다 ···234

머리말

혹시 이런 적 없니? 즐거운 여행이나 만남 혹은 감동적인 일을 겪고 나서 누군가에게 말해 주고 싶은 기분 말이야. 혼자만 즐기면 재미없잖아. 지금 내가 그렇거든.

그럼 이야기를 시작하기 전에 먼저 내 소개부터 할게. 나는 탐정이야. 그리고 모험가이자 보물 탐사자며 탐험가지. 신비한 일들을 캐내거나 수수께끼를 풀고 새로운 땅을 발견하는 걸 좋아해. 나는 시간과 공간을 여행하면서 수많은 스승을 만났어. 그리고 많은 비밀을 알았지.

그뿐만이 아니야. 여러 가지 모험을 하면서 수많은 경험을 했단다. 오래전에 여행을 안내하는 한 나이 든 가이드와 함께 멕시코의 유카탄 밀림을 건넌 적이 있었거든. 그 가이드가 나무와 새 들의 이름을 알려 주면서 물이 나오는 나무와 먹을 수 있는 새를 가르쳐 주었어. 또 알려지지 않은 신전과 유적지가 있는 곳까지 데리고 가 주었지. 숲에서 길을 잃었을 때 강을 따라가면 길을 찾을 수 있다는 것도 말해 주었어.

그렇게 우리는 친구가 됐어. 함께 여행하면 정이 쌓이거든. 더군다나 그 여행은 내게 잊을 수 없는 추억을 안겨 주기도 했고 말이야.

그때 생각한 게 있어. '나도 이런 직업을 가지면 어떨까?' 하는 거야. 또

'다른 사람들과 함께 내가 아는 길로 가 보면 어떨까?', '내가 즐긴 것을 다른 사람도 즐기게 도와주면 어떨까?', '내가 재미있는 사건을 조사하는 동안 함께 다니면서 수수께끼 푸는 걸 좀 도와 달라고 부탁하는 건?' 등등 말이지.

그래서 이 책을 쓰게 됐어. 내 경험을 너희 것으로 만들라는 것이 아니라 나와 같은 경험을 하길 바라는 마음에서야. 사하라 모래사막에서 유목 생활을 하는 투아레그 족이 내게 이렇게 말했어.

"각자 자신만의 싸움과 사랑, 그리고 모험을 해야 한다."

나는 너희가 내가 이른 것보다 더 멀리 닿길 바랄 뿐이야.

여행자들은 두 부류로 나눌 수 있어. 자연에 빠져 지리를 파헤치는 사람과 역사를 따라 여행하면서 문화를 탐구하는 사람으로 말이야. '자연과 문화', 이 두 단어는 꼭 기억해야 해! 인류의 흔적을 잘 표현한 말이거든.

우리의 머리에 뇌가 있잖아. 자연은 이 뇌에 해당이 돼. 그리고 우리의 뇌는 수많은 지식으로 채워져 있지? 바로 이 지식은 문화와 같은 거야. 우리는 말을 할 수 있어(자연). 우리는 여러 가지 문자와 말을 사용하지(문화). 이 두 영역을 따라 여행하는 건 정말 근사하고 멋져.

　새로운 풍경 속을 누비거나, 내가 부러워하는 서핑 애호가들처럼 널빤지를 타고 신나게 달릴 파도를 찾으며 세계 방방곡곡을 다닌다면 정말 신날 거야.

　하지만 시간을 따라 여행하면서 우리 조상들이 세상을 어떻게 살아왔는지, 우리는 어떻게 지금에 이르게 됐는지 살펴보는 것도 재미있겠지? 지금 우리의 모습은 잘 알려지지 않은 인류의 많은 유산들로 이루어진 거야. 우리 주변에는 이렇게 오래된 전통이 많아. 물론 현재를 이해하려면 꼭 알아야 하는 것들이지.

　5백만 년 전 지구에 아주 흥미로운 존재가 나타났어. 바로 인간이야.

　과학자들은 인간이 아프리카에서 태어나 전 세계로 뻗어 나갔다고 해. 끊임없이 여행하고 늘 새로운 것을 찾으려는 열정이 대단하지 않니?

　동물들이 수백만 년 동안 변하지 않고, 똑같이 노래를 부르거나 울부짖고 둥지를 만들 동안 우리 인간은 끊임없이 새로운 것을 만들었어. 그리고 변화해 왔지. 그렇지 않으면 빨리 지루해지잖아.

　지루하다는 건 우리가 새로운 무언가를 만드는 능력을 제대로 쓰지 않고 있다는 신호야. 그러면 쓰이지 않는 부분이 이렇게 외치지.

"나한테 할 일을 달란 말이야!"

인간은 태초부터 '창조력'에 의해 움직여 왔어. '창조력'으로 도구를 찾고 개발하고, 언어를 만들고, 또 끊임없이 새로운 것을 찾아왔지. 우리 인간은 도무지 가만히 있질 못한다니까. 이건 내가 세계를 누비면서 알래스카의 이누이트들, 아프리카의 피그미 족, 호주의 원주민들에게서 확인한 거야.

잠깐! 잠깐 생각해 봐. 내가 좀 전에 말한 건 멀리 있는 존재가 아닌 바로 우리 자신에 관한 얘기야. 우리 모두의 안에는 그 '창조력'이 살고 있어. 누구나 새로운 것을 만들어 내는 마법사가 되게 해 주는 능력 말이지. 그걸 깨우는 게 중요한 거야.

사실 인간은 '깨어 있는 능력을 가진 사람'과 '잠든 능력을 가진 사람'으로 나눌 수도 있어. 너희는 어느 쪽이니?

자, 그러면 이 게으른 능력을 좀 깨워 볼까? 서둘러야 해! 우리는 위대한 일을 하라는 부름을 받은 거야. 남들과 똑같이 살려고 태어난 게 아니란 말이지. 새로운 무언가를 만드는 사람은 늘 즐겁고 강인함이 넘치지. 또 멋진 일을 해낼 수 있다는 자신감이 있지. 우리 모두 그런 기분을 느꼈으면 좋겠어.

그런데 '창조력'을 깨우려면 어떻게 해야 하는지 아니? 가장 좋은 방법

은 바로 예술가, 발명가 혹은 모험가의 세계를 여행하는 거야.

　내가 한 가지 결심한 게 있어. (사실 너희에게 제안하는 거지만) 너희와 함께 여행하면서 너희가 인간의 위대한 발견을 알고 그중에서 더 중요한 것을 가려낼 수 있도록 하는 거야. 즐겁고 유익한 여행이 되도록 노력할게.
　내 스승 중 한 분이면서 오스트리아 빈 출신의 유명한 물리학자이자 노벨상 수상자였던 에르빈 슈뢰딩거 선생님이 이런 말을 남겼어.
　"'우리는 무엇인가?'라는 물음에 대한 답을 주지 못하는 지식은 전혀 쓸모없다."
　일리가 있는 말이야. 미리 말해 두지만, 나와 함께 하는 여행에서 그 질문에 대한 확실한 답을 얻을 수 있을 거야. 바로 우리는 창조하는 사람이라는 걸 말이야.
　그런데 이쯤 되니 문제가 하나 생겼어. 갑자기 무슨 문제냐고? 우리가 어떤 길로 여행해야 하는지 결정해야 하거든. 우리가 모든 문화를 둘러볼 순 없잖아. 문화가 너무 많고 복잡해서 어쩌면 길을 잃을지도 모르거든. 그래서 내가 가 봤던 곳 중에 가장 기억에 남는 곳을 출발지로 삼으려고 해. 이제 미술의 세계와 역사를 통해 구석구석을 돌아보는 거야!

 이번 여행에는 멋진 화가 안토니오 밍고테 선생님이 함께할 거야. 이제부터 우리의 여행지를 그림으로 그려 줄 거야. 또 선과 색이 뭘 할 수 있는지도 그림으로 보여 줄 거래. 우리는 안토니오 밍고테 선생님의 도움으로 선과 색을 통해 정보를 찾고 뭔가를 발견하게 될 거야. 그리고 즐거움과 호기심 그리고 감동도 함께 느끼게 될 거야.

 개인적으로 밍고테 선생님을 참 부러워하는데, 그중에서도 그림 하나에 원하는 걸 표현해 내는 능력이 가장 부러워. 나 같으면 종이 다섯 장 정도에 주저리주저리 설명해야 할 텐데 말이야. 밍고테 선생님은 그만의 예술을 통해 선 하나가 어떠한 것으로도 변할 수 있다는 걸 보여 줘. 이거야말로 최고의 마법이 아니겠어?

1 수수께끼 피카소

숨겨진 무언가를 찾아가는 여행은 재미있어.
그래서 난 이번 미술 여행을 추리 소설처럼 들려주려고 해.
탐정은 바로 우리 자신이야.
소설 제목은 '피카소 수수께끼'라고 해 두자.
이야기는 하나의 일화로 시작해.

20세기 가장 유명한 화가인 파블로 피카소는 나이가 지긋이 들었을 무렵 이렇게 말했어.

"나는 아이처럼 그리는 법을 배우는 데 평생이 걸렸다."

피카소가 농담을 했던 걸까? 아닐 거야. 실제로 피카소의 작품 중에는 어린애 같은 그림이 있거든. 다른 모더니즘 화가들도 피카소와 비슷한 말을 하거나 피카소의 그림과 비슷한 걸 그렸어. 프랑스의

모더니즘

전통적인 방법에서 벗어나 새로워지려는 태도를 말한다. 19세기 말부터 20세기 전반에 걸쳐 서양의 문학과 예술 등에서 일더난 현상이다. 사물을 있는 그대로 보려고 한 사실주의(리얼리즘)에 대한 반항 운동이라고 할 수 있다.

천재 모더니즘 화가 중 한 명인 앙리 마티스는 아이처럼 종이 오리기를 좋아했지.

폴 고갱은 주식 중개인 생활이 지겨워져 타히티에 그림을 그리러 갔다가 이런 글을 남겼어.

"다른 화가들이 그린 말은 모두 똑같다. 내가 관심 있는 건 어린 시절 가지고 놀던 목마다."

알렉산더 칼더라고 모빌을 최초로 만든 세계적인 조각가는 어린 시절의 장난감을 그리워하기만 한 것이 아니라 직접 만들었대. 지금도 미술관에서 그의 작품을 만나 볼 수 있어. 또 호안 미로라는 화가는 어린애들이 그리는 것처럼 태양과 별을 그렸어. 이외에도 미술관에 가 보면 예술의 역사에서도 그런 '유년으로 돌아가고 싶어 하는' 움직임이 일어났다는 걸 알 수 있어.

지난 수백 년 동안 미술가들은 기술을 다듬고 현실을 재현하면서 중대한 발전을 이루었어. 그래서 이제 현대 화가들이 아이가 되어서 우리와 놀고 싶어 하는 게 아닌가 해. 네모 하나 그려 놓고 근사한 작품이라고 한다니깐.

캔버스화포 위에 물감을 내던져 놓고 스스로 굉장한 화가라고 생각하기도 하지. 또 어떤 화가들은 전시실에 변기 하나를 걸어 놓고 "이게 예술이다"라고 말하기도 해.

한번은 미술관에서 어떤 화가의 작품을 본 적이 있는데, 글쎄 그 화가 말이 우주의 완벽한 두 형태가 달걀과 홍합 껍데기라는 거야. 그러면서 그 두 가지로 작품을 만들어 놨었지.

또 다른 화가는 '자신의 배설물'을 담은 돛단배 여러 척을 전시하기도 했어. 게다가 거기엔 보증서까지 있었지 뭐야.

가장 충격적인 건 비평가들이 그런 화가들을 치켜세우고 미술 애호가들은 그들의 작품을 사고자 어마어마한 돈을 쓴다는 거야. 내가 부풀려 말하는 거라고? 아니야, 아니라니까.

그런데 왜 미술의 5만 년 역사가 우리를 이곳에 데려왔을까?

많은 사람이 현대 미술을 장난스럽다거나 그런 말도 안 되는 작품은 누구나 만들 수 있다는 이유로 깎아내리곤 해. 하지만 우리 탐정들은 진지하잖아. 또 모든 일의 이유를 알아내는 것을 좋아하잖아.

그래서 이 사건을 같이 풀고 싶으면 미술사 전체를 훑어보면서 쓸 만한 정보를 찾아봐야 할 것 같아. 분명히 즐거운 여행이 될 거야. 미술의 역사 속은 정말 흥미로운 사람들로 가득하거든. 멈출 수 없을 만큼 재미있는 미스터리도 아주 많다고.

하지만 그러려면 너희 스스로 조사를 해야 해. 예를 들면, 화가들은 그림을 그리기 위한 화려한 색을 어떻게 구했을까? 레오나르도 다빈치

고갱

피카소

같은 화가들은 자기만의 비법으로 수백 년 동안 유지할 수 있는 색을 얻었어.

미켈란젤로 부오나로티의 그림 중에는 성모의 담요를 칠할 '군청색'이 없어서 미완성으로 남은 작품도 있지. 군청색은 당시엔 금 다음으로 가장 비싼 색이었어. 군청색을 만들려면 아프가니스탄에서 나는 청금석이라는 보석이 있어야 했거든.

이것 말고도 도둑맞은 그림들을 추적해 볼 수도 있어. 탐정 영화의 주인공처럼 말이야.

자, 그럼 흥미진진한 정보를 하나 줄게. 1911년 8월 21일 프랑스 루브르 박물관에서 일하던 한 이탈리아 직원이 〈모나리자〉 그림을 훔쳐 자신의 집 옷장에 수년간 숨겨 놓았었대.

범인은 〈모나리자〉가 이탈리아에 있어야 한다고 생각해 이탈리아의 한 미술관에 그림을 보내려고 훔쳤다고 해.

너희가 조사해 볼 일이 또 있어.

역사상 가장 비싼 그림은 어떤 걸까? 폼알데하이드_{주로 살균이나 방부제에 사용하는 무색 기체}에 담긴 죽은 암소 한 마리가 경매에서 얼마에 낙찰됐는지 아니?

예술은 인간의 놀라운 발명이기도 하지만 동시에 꽤 돈을 벌 수 있는 장사이기도 해.

하지만 무엇보다 나의 호기심을 자극하는 건 미술가가 어떻게 끝없이 그림을 그릴 수 있는지야.

미켈란젤로는 목재 발판에 누워 4년을 보냈어. 바티칸 시국에 있는 시스티나 예

미켈란젤로

클로드 모네의 〈라 그르누예르〉

배당에 누워 얼굴 위로 떨어지는 물감을 맞으며 4년 동안 〈천지 창조〉를 그렸지.

프랑스 화가인 장 오귀스트 도미니크 앵그르1780-1867는 12년 동안 마음에 드는 작품을 만들 때까지 초상화 하나에만 매달렸대. 역사상 가장 위대한 화가 중 하나인 클로드 모네1840-1926는 그림 한 장 팔질 못했다고 해. 그래서 물감은커녕 먹을 걸 살 돈도 없었대. 모네의 친구였던 오귀스트 르누아르가 그에게 빵을 가져다주었어. 자기도 가난에 허덕이면서 말이야.

마침내 모네는 물감 몇 통을 구해서 센 강의 〈라 그르누예르La Grenouillere〉를 그리게 됐단다. 당시 센 강은 놀기 좋아하는 젊은이들이 수영을 하러 자주 가던 곳이었어. 그림을 그리며 사는 것이야말로 모네에게 가장 중요한 일이었지.

빈센트 반 고흐1853-1890는 평생 그림을 거의 팔지 못했어. 그래서 남동생과 친구들이 보내 주는 걸로 생계를 이어가야 했단다. 하지만 자살하기 전 마지막 19개월 동안 255점의 작품을 남겼어. 정말 굉장하지?

그리고자 하는 열정, 이것이야말로 우리 이야기의 진정한 주제라고 할 수 있어.

그러면 이제 '열정적으로' 미술의 역사를 탐험해 볼까 해. 자, 떠날 준비 됐니?

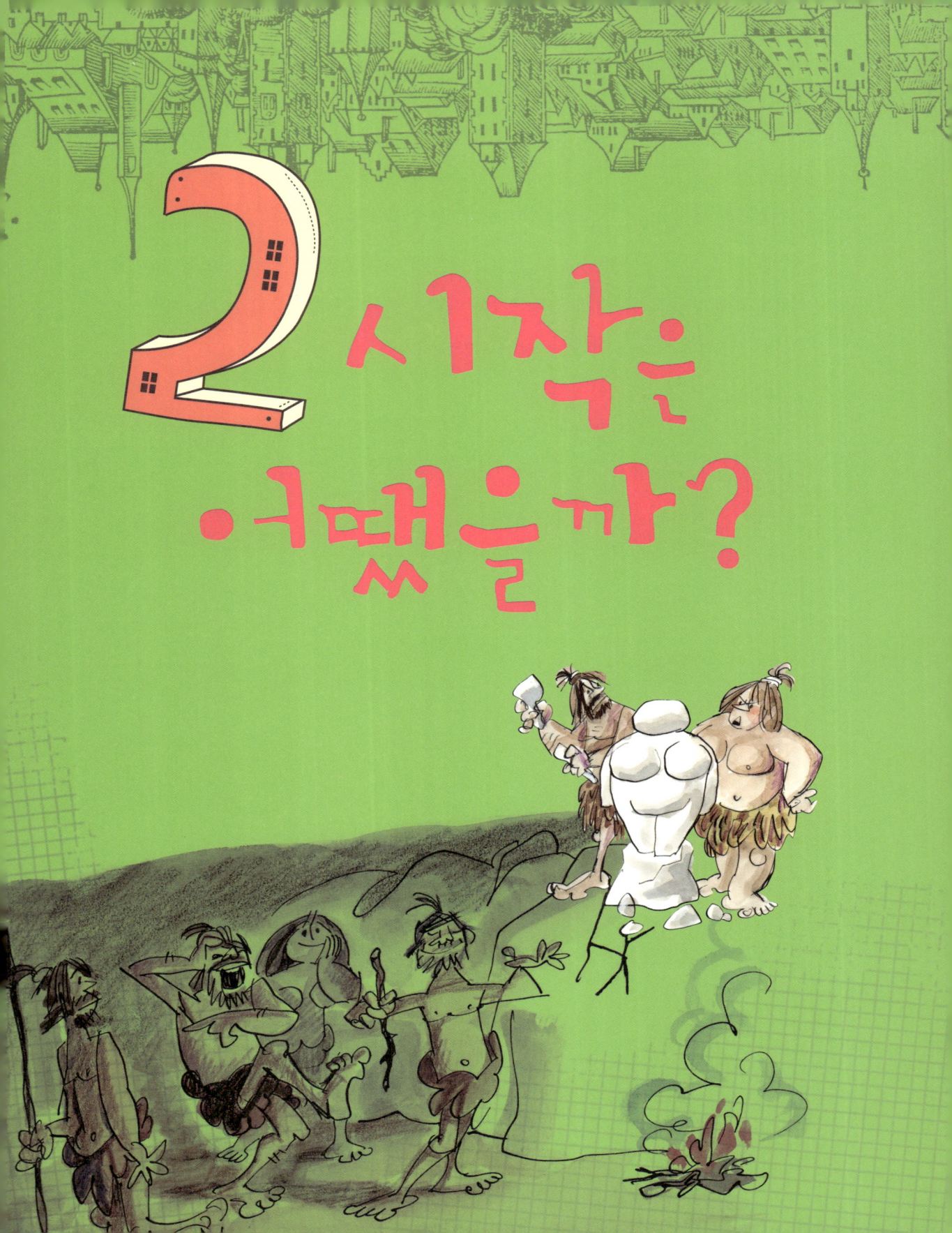
2 시작은 어땠을까?

5만 년 전의 삶은 분명 편하진 않았을 거야.
날도 엄청 추웠지. 인간은 작은 무리를 지어 살았고
불을 사용하는 법을 깨쳤어. 사냥 도구와 무기를 만들고
간단한 오두막이나 동굴에 몸을 피했단다.
바로 이 동굴에서 우리의 역사가 시작됐지.

조상 중 누군가가 얼룩이 묻은 손을 바위에 대면 자국이 그대로 남는다는 놀라운 사실을 발견했지. 갑자기 손이 한 쌍 더 생긴 셈이었어. 자신의 손과 돌에 찍힌 손 두 개 말이야.

그 조상은 감동이 너무 컸던 나머지 손자국을 벽에 찍고 다니기 시작했다는 거야. 미술의 천재가 처음으로 깨어난 건지.

예전에 이브 클랭이라는 화가가 있었는데, 이 화가는 선사 시대의 우리 조상과 비슷한 방법을 사용해서 유명해졌어. 사실 클랭의 아이디어가 더 멋지긴 했지만 말이야. 온몸에 파란색 물감을 뒤집어쓴 벌거벗은 젊은 여자들이 커다란 종이에 몸의 흔적을 남기는 식이었지.

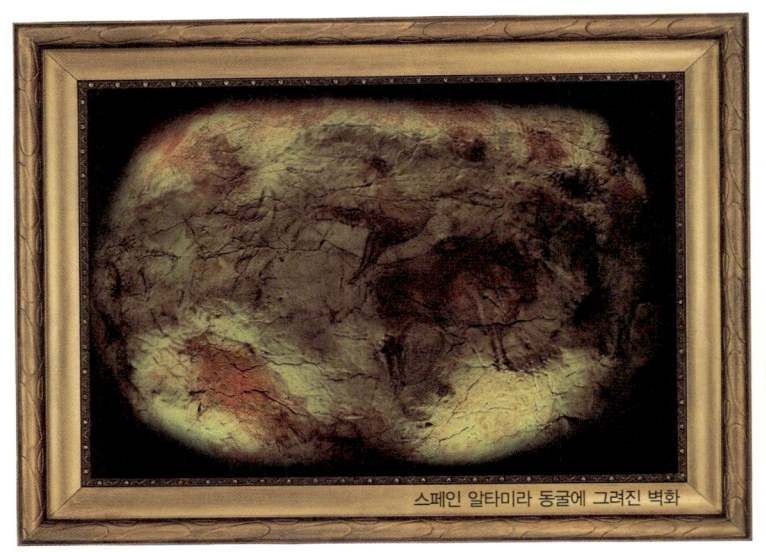
스페인 알타미라 동굴에 그려진 벽화

이것으로 클랭도 인기를 얻었지만, 그가 사용한 파란색도 큰 인기를 끌었어. 얼마나 인기가 있었으면 그가 사용한 파란색이 '클랭 블루(파란색)'라고 불릴 정도였대.

미술의 역사에는 이처럼 재미있는 일도 있고 또 극적인 일도 많아.

동굴에 그려진 그림은 사실 관람용은 아니야. 주로 접근하기 어려운 곳에 있거든.

훗날 사람들이 추측하길 동굴 벽화는 특별한 힘을 가진 마법의 표현이었을 거라고 해. 어떤 힘이었는지는 누구도 확실히 모르지만 말이야. 스페인의 알타미라 동굴의 들소 벽화는 아마도 사냥을 돕거나 사냥꾼들을 지켜 주었을 거야. '신원 미상'의 이런 예술가들은 엉덩이와 가슴이 아주 큰 여자 모양의 조각상도 만들었어. 출산을 상징하는 작품이었는데 〈빌렌도르프의 비너스〉가 대표적이야.

오늘날에도 원시 문화권에서는 남자나 여자의 형상을 지니면 그것을 정복할 수 있다고 믿어. 부두교를 신봉하는 자들은 사람 모양의 인형을 만드는 것은 진짜 사람을 만드는 거나 다름없다고 말한대.

> **부두교**
> 아프리카에서 서인도 제도의 아이티로 팔려 온 흑인 노예들이 믿던 종교이다. 북 치고, 노래하고, 춤추는 행동으로 주술적 힘을 발휘할 수 있다고 믿는다.

선사 시대의 우리 조상도 이와 비슷한 믿음을 가졌던 것 같아. 그들에겐 실제와 상징이 크게 다르지 않았거든.

그림 속 들소를 이미 잡은 들소처럼 여기는 식이었어. 얼마 전 화가인 내 친구가 아마존에 있는 어느 부족의 마을에 가서는 그 지역의 동물을 그렸어. 나중에 떠날 무렵 그림을 챙기고 있는데 원주민들이 깜짝 놀라 소리치면서 이렇게 말했대.

"지금 뭐 하는 거요? 동물을 다 가지고 가면 우리는 뭘 먹고 살라고!"

빌렌도르프

이걸 봐도 그들에게 그림이 마법 같은 것이고, 미술가는 일종의 마법사라는 말이 영 틀린 말이 아니라는 걸 알 수 있지?

미국 인디언 보호 지역에 사는 나바호 족 인디언 중에는 의사 역할을 하는 사람들이 모래 그림을 그린대. 환자는 그림의 중앙에 올라가 그려진 그림들의 힘을 받는 거야. 바닥에 모래로 자연스럽게 그려진 이런 그림들은 '신이 오고 가는 곳'을 뜻하지.

의식이 끝나면 그림은 다 지워 버려. 우리가 알고 있는 가장 오래된 (역사가 오만 년 정도 돼) 동굴 벽화는 호주에 있어. 아프리카의 조상이 참 멀리도 갔지?

그런데 생각해 보면 이러한 행동이 그리 낯설진 않을 거야. 누군가를 좋아하면 공책에 좋아하는 사람의 이름을 여러 번 쓰곤 하잖아. 그렇게 쓰면서 그 사람이 내 마음을 알아주기를 바라는 신호를 보내는 거지. 또 어떤 신자가 그림 앞에서 기도한다면, 그 사람은 그림이 성스럽고 특별하다고 느끼기 때문일 거야.

그림이 병을 낫게 하고, 사냥을 도와주고 또는 자식을 가지게 해 주는 힘을 지녔다는 이러한 믿음은 이후에 많이 사라지긴 했어. 하지만 예술가의 힘은 여전히 남아 있어.

예술가는 옛날에도 지금도 마법사야. 왜냐하면 아름다운 물체를 재현하거나 만들어 내기도 하고 사람들에게 영향력을 행사하기 때문이야.

모두 그런 경험이 있지 않니? 아름다운 공연이나 작품 또는 그림이나 음악을 접하고 나면 황홀한 기분이 들 때가 있잖아. 예술가의 힘이 바로 그런 거야.

좋아하는 가수의 콘서트에 가서 공연을 보고 나면 정말 특별한 에너지가 느껴

지지? 너희를 감동시키고, 즐겁게 하고, 잠시라도 현실에서 벗어나 다른 세상에 있는 것처럼 만들어 주잖아. 그림도 마찬가지야.

언젠가 아프리카, 유럽, 아시아, 오세아니아 등지에 있는 동굴에 간 적이 있는데, 완전히 다른 두 방식의 벽화를 보고 깜짝 놀란 적이 있어.

간단히 설명하자면, 하나는 색을 사용하고 다른 하나는 선을 사용했어.

색과 선은 역사의 주인공이야. 지난 세월 동안 서로 번갈아 가면서 역사의 주역이 되었어. 선은 물체의 가장 중요한 요소인 기본 형태를 만들어. 캐리커처와 비슷한 거라고 보면 될 거야.

캐리커처는 어떤 사건이나 사람의 모습에서 특징적인 부분을 강조해서 우스꽝스럽게 풍자해 묘사한 그림을 말해.

최초의 캐리커처-숯

5천 년 전 이곳 이집트에서는 세련되고 강력한
문명이 탄생했어. 그때의 기술자들이 세운 피라미드는
지금까지도 어떻게 지어졌는지 밝혀지지 않았어.
당시 성스러운 존재로 여겨졌던 파라오들이
이집트를 통치하고 있었지.

파라오는 굉장한 부자라 수천 명의 일꾼에게 거대한 무덤과 신전을 짓게 했어. 또 영원히 죽지 않길 바라는 마음에 시체를 방부 처리하기도 했지. 하지만 이것으로는 충분하지 않았어. 그래서 무덤 속에 돌로 만든 파라오의 초상화를 숨겨 놓고 죽은 자의 영혼이 그림을 통해 살아나기를 기원했단다.

바로 이러한 일 때문에 조각가를 '살게 하는 자'로 부르게 된 거야.

난 이 이름이 마음에 들어. 예술은 과거를 살아 있게 만들잖아. 그림을 감상하는 것은 마치 신비한 문을 열고 그림의 배경 속으로, 화가의 삶 속으로, 또 그를 둘러싼 세상 속으로 들어가는 것과 같거든. 그래서 작품 하나하나가 모험

> **파라오**
> 큰 집이라는 뜻으로 고대 이집트의 왕을 이르는 말이다.

아누비스가 그려진 파피루스

이라고 할 수 있어.

아무도 볼 수 없었던 이집트의 무덤은 그림으로 장식되어 있어.

그런데 보는 이도 없는데 대체 왜 그랬을까? 앞에서 말한 것처럼 당시 사람들은 그림으로 표현한 것이 실제 상황처럼 효과가 있다고 믿었어. 씨를 뿌리고 수확을 하는 농부들을 그리면 죽은 사람에게 먹을 것을 준다고 생각한 거야.

수많은 미라의 다리 사이에서 시체를 뒤덮은 것과 같은 붕대로 감겨 있는 파피루스라는 종이 뭉치가 발견됐어.

종이에는 죽은 자를 어둡고 깊은 죽음의 세계로 인도하고 태양의 빛을 받아 다시 태어나게 하는 글과 그림이 있었어. 그래서 그 종이 뭉치를 '낮으로 가는 책'이라고 부르기도 했어. 하지만 19세기에 묘구_{무덤을 파헤쳐 그 안에 있는 물건을 훔쳐가거나 시체를 파내어 돈을 요구하는 도둑}들이 종이 뭉치를 팔기 시작하면서 '죽은 자의 책'이라고 불리게 됐어.

　1880년 영국의 이집트 학자 월리스 벗지가 한 묘구에게서 23미터가 넘는 종이 뭉치 그러니까 파피루스 하나를 샀어. 딱 봐도 3천 년쯤 되어 보였는데 기원전 1300년쯤 살았던 왕실 공증인 아니를 위해 쓰인 것이라더군.

　거기에는 아니가 죽은 뒤 신들에게 받을 재판과 신들이 어떻게 아니를 찾을 수 있는가에 대해서 써 놨지. 파피루스에 그려진 그림들은 이집트 신화의 상당 부분을 담고 있어. 예를 들어 아누비스 신이 죽은 자의 심장을 저울에 달아 놓는 그림을 그려 신을 표현했다고 해. 심장에는 죽은 자의 자아가 깃들어 있었지.

아누비스의 심장

이집트 인들은 사람의 영혼이 심장에 담겨 있다고 믿었다. 그래서 미라를 만들 때 심장과 내장은 따로 빼서 카노프스 단지에 넣었다. 아누비스 신이 죽은 사람의 영혼을 심판하는데, 저울 한쪽에는 죽은 사람의 심장을 올리고 또 다른 한쪽에는 정의와 질서·균형을 상징하는 마아트 여신의 깃털을 올린다. 심장이 지나치게 무거워 저울이 기울면, 사자와 하마의 몸을 하고 악어의 입을 가진 무시무시하게 생긴 암무트 여신이 영혼을 꿀꺽 삼켜 버린다. 저울의 균형이 맞아야지만 심판을 통과한다.

　이집트의 그림은 매우 섬세하고 그 색감이 부드러우면서도 묘한 느낌을 준단다. 미술가들은 실력이 상당했지만 늘 옆모습만 그렸어.

　바로 여기에 미술가의 또 다른 비밀이 있어.

　미술가는 현실을 있는 그대로 작품으로 만드는 걸 꺼릴 때가 있거든. 또 다른 사람과 비슷한 것을 표현하는 걸 싫어하고 완전히 다른 것을 표현하고 싶어 해.

　이집트 인들은 상형 문자를 발명했

어. 즉, 그림으로 단어 하나하나를 나타냈지. 같은 형태의 모양은 늘 같은 것을 뜻하는 거야. 이 때문에 고대 미술가들은 사물의 실제 모양을 그리기보다는 그것을 뜻하는 모양을 그리게 된 거야.

> **상형 문자**
> 물건의 모양을 본떠 만든 그림 문자에서 발전한 글자이다. 그림의 모양을 바탕으로 만들어진 글자를 통틀어 이른다. 한자, 수메르 문자, 이집트 문자 등이 있다.

그런데 이런 것은 현대에서도 찾아볼 수 있어. 공항 가는 길을 나타내고자 비행기 모양을 그리거나, 동물 그림을 그려서 도로에 사슴이 나타날 수 있으니 주의하라고 하는 표지판이 바로 그런 거야.

화장실을 안내하는 그림은 또 어떻고. 주로 남자나 여자를 가장 잘 나타내는 모양을 그리곤 하지. 이건 언어는 다르지만 전 세계 공통의 언어라고 할 수 있잖아.

혹시 어린 동생의 그림을 유심히 본 적 있니? 동생의 그림을 보면 보이는 걸 그대로 그리는 것이 아니라 자기들이 생각하는 것을 그리는 걸 볼 수 있을 거야. 그러니까 뾰족한 산과 네모난 창문과 연기가 뿜어나는 굴뚝과 같은 게 꼭 들어가는 것처럼 말이야. 또 태양은 꼭 둥글게 그리고 태양에서 나오는 햇살도 빠뜨리지 않잖아.

이집트 미술가들은 얼굴의 앞모습보다는 옆모습이 얼굴을 더 잘 나타낸다고 생각했어. 그래서 왕의 얼굴을 새겨 넣은 고대 동전을 보면 항상 옆모습만 두드러져 있어. 하지만 옆모습보다는 앞모습이 몸을 더 잘 나타낸다는 것을 알았어.

그래서 찾아낸 해결책은 얼굴은 옆면을, 몸은 앞면을 그리는 거였어. 예술가들은 항상 가장 대표적이면서 표현하기 좋은 형상을 찾으려고 해. 진실을 조금 왜곡해서라도 말이야. 그래서 이집트 미술은 매력덩어리지. 우리를 새롭고 다른 모습

치유자 화가

의 세계로 이끌기 때문이야.

미술사의 일부인 만화의 세계도 이와 비슷해. 특히 일본 만화는 좋아하는 사람도 있고 그렇지 않은 사람도 있지만, 일본 만화가 특별하다는 사실만은 부정할 수 없을 거야.

미술가들은 단순히 그림을 그리는 것뿐만 아니라 그 방식과 재료, 기법까지 개발해야 했어. 지금이야 모든 게 쉽지. 상점에 가서 유화 물감, 수채화용 물감, 연필, 붓, 도화지, 스케치북 등을 사면 그만이잖아. 하지만 고대에는 모든 걸 직접 만들어야 했어.

이집트에서는 파피루스 위에 글을 쓰거나 그림을 그렸어. 파피루스를 어떻게 만드는지 내가 직접 봤는데 정말 손이 많이 가더라고. 이후 사람들은 나무, 벽, 양피지(양의 가죽을 얇게 펴서 표백한 뒤 말려 글을 쓰도록 한 것) 급기야는 천 위에 그림을 그렸지.

이집트 예술은 매우 엄격한 규칙이 있어서 수천 년간 발전되지 않았단다. 늘 같은 스타일을 유지했지. 그런데 딱 한 번 큰 변화가 있었는데 바로 기원전 1300년쯤이야.

아크나톤이라고 하는 신비한 파라오가 종교를 비롯해 사람들의 생각과 느끼는 방식을 바꾸려고 했어. 덕분에 미술까지 이전과 완전히 다른 신선하고 역동적인 형태로 바뀌었지.

그때까지만 해도 파라오는 위엄 있고 다가서기에는 어려운 존재로 표현됐어. 한마디로 신과 같은 존재였으니까. 하지만 그림 속의 아크나톤은 늘 부인과 함께 아이들과 놀고 있는 모습이었어. 일반 사람들과 같은 모습이었지. 그 당시에 파라오를 이렇게 표현하는 건 신을 모독하는 것과 같아서 아주 어마어마한 일이었거든.

그리고 그의 계승자 투탕카멘이 이러한 혁명적인 스타일을 이어 나갔어. 투탕카멘은 부인이 그의 목 장신구 매무새를 다듬는 동안 자신의 초상화를 그려도 신경 쓰지 않았어. 하지만 그리 오래 가지는 않았대. 그 이후로 이집트는 수세기 동안 유지했던 전통을 다시 반복하게 되었어.

참, 투탕카멘은 기원전 1300년부터 이집트를 지배한 사람이야. 1922년에 투탕카멘의 무덤이 발견되었는데, 이것과 관련된 이야기는 영화 〈인디아나 존스 시리즈〉보다 훨씬 더 흥미로운 영화의 소재야.

1906년 모험가이자 과학자였던 하워드 카터와 카나본 경이 나일 강 서쪽 왕가

의 계곡에서 발굴을 시작했어.

1922년 마침내 투탕카멘의 무덤으로 가는 길을 발견하게 돼. 그리고 길이가 5미터가 넘는 금칠한 석관을 찾게 되었어. 그런데 로드 카나본 경은 이듬해에 벌레에 물려 죽고 말아.

로드 카나본 경의 죽음으로 투탕카멘의 저주가 시작되어 사람들을 공포에 몰아넣었어. 왜냐하면 그로부터 7년 뒤 무덤 발굴에 참여했던 사람 중 카터라는 사람만 제외하고 모두 목숨을 잃었거든. 추리 소설 작가들이 훗날 이러한 이야기를 자신들의 작품에 잘 담아냈어.

미라나 무덤 그리고 저주가 무섭지 않다면 고대 파라오와 그들의 상징물 그리고 관련 그림을 찾아보는 것도 좋을 거야. 어쩌면 이집트의 신비한 그림을 본 뒤 고고학자가 되려는 꿈을 품는 사람이 생길지도 모르겠구나.

4 크레타 섬의 비밀

"선장, 출발할 때가 됐으니 돛을 올리시오!"
미술사를 보기로 했으니 다시 여행을 시작해야겠지?
이번엔 지중해를 건너 크레타 섬으로 갈 거야.
크레타 섬에는 기원전 2000년쯤 큰
영향력을 행사하던 왕국이 있었어.

무엇보다 새로운 마법을 발견한 예술가들 덕분이었지. 크레타 섬의 미술가들은 움직임을 표현하는 새로운 마법을 발견했어. 그 시대에 그려진 무용수나 황소 위를 뛰어넘는 곡예사의 그림만 봐도 알 거야.

이건 움직임이 전혀 없던 이집트의 그림과 확연히 구분되는 발견이었어. 세상이 움직이기 시작한 거니까 말이야. 크레타 미술은 그리스에도 영향을 주었고 이후 전 세계로 뻗어 나갔어. 아마 프레스코라는 새로운 회화 기법이 처음 발견된 곳도 크레타였을 거야.

미술에서 프레스코는 축축한 석회벽 위에 그림을 그리는 것을 말해. 그렇게 하면 마르고 난 뒤에도 색이 변하지 않고 오랫동안 원래의 성질을 유지하거든. 프레스코 기법은 대성공이었어. 그래서 지금까지도 사용되고 있지.

크레타의 이름을 들여다보면 그 안에 여러 가지 전설이 있어. 크레타 섬에는 아직도 크노소스 왕궁^{고대 크레타의 도시에 있는 왕궁}이 보존돼 있어.

흐리고 비가 오던 어느 날, 나는 왕궁 유적지에 간 적이 있어. 방문객이라곤 나밖에 없었어. 워낙 날씨가 어둑어둑해서 그곳에 살았다고 하는 그리스 신화 속 소의 머리를 한 미노타우로스와 마주친다 해도 놀랍지 않을 정도였어.

참, 미노타우로스 얘기 좀 들려줄까? 멋진 이야기를 담은 신화는 미술가들에겐 영감의 원천이란다. 미술관에 가면 신화를 그려 놓은 작품들을 보게 돼. 하지만 신

가만히 좀 있어 봐!

화를 모르면 미술가가 무엇을 표현하고자 하는지 이해할 수 없지. 특히 너희가 잘 아는 피카소는 미노타우로스를 많이 그렸어.

미노타우로스 신화는 슬프면서도 잔인해. 미노타우로스는 크레타의 미노스 왕의 부인이었던 파시파에와 흰 수소 사이에서 태어났어. 바다의 신 포세이돈이 미노스 왕에게 단단히 화가 난 일이 있었는데, 그 보복으로 파시파에가 수소와 사랑에 빠지도록 만들어 버린 거야.

신화에는 이런 일들이 종종 있단다. 신과 인간은 늘 서로를 못 잡아먹어 안달이었거든. 아무튼 그렇게 해서 미노타우로스가 태어났어. 몸의 반은 사람이고 반은 소였던 그는 성격이 난폭했고, 사람 고기만 먹었단다. 이것이 부끄러웠던 미노스 왕은 발명가인 다이달로스에게 미노타우로스가 절대 빠져나갈 수 없는 미로를 만들어 달라고 부탁했어. 그리고 그 미로에 미노타우로스를 가두었어.

하지만 초승달이 뜨는 날이면 한 사람을 미노타우로스에게 바쳐 그의 배고픔을 달래 주고 화를 잠재워야 했어.

어느 날 미노스 왕에게 비극적인 소식이 들려왔어. 그의 또 다른 아들이 아테네에서 죽임을 당했다는 거야.

미노스 왕은 아테네에 복수를 다짐하고 죗값으로 9년마다 한 번씩 아테네의 처녀와 총각을 각 7명씩 미노타우로스에게 제물로 바치라고 했어.

미노스 왕의 힘이 대단했기 때문에 아테네는 어쩔 수가 없었어. 대신 아테네는 미노스 왕에게 한 가지 조건을 걸었어. 제물 중 하나가 미노타우로스를 죽이고 미로에서 나오면 (물론 그런 일은 일어나기 힘들겠지만) 그를 포함한 모든 제물의 목숨을

미노타우로스와 미로

살려 주고, 아테네에 대한 처벌도 없던 일로 해 달라는 거였어.

아테네는 두 차례 제물을 바쳤어. 그리고 세 번째 제물을 실은 배가 항해를 시작할 날이 다가왔어. 배는 애도를 표하는 뜻에서 검은색 돛을 달고 있었어. 이때 아테네 왕 아이게우스의 외아들인 테세우스가 직접 도시를 구하겠다고 나섰어.

크레타에 도착한 테세우스는 다른 젊은이들과 함께 어느 공원 근처의 감옥에 포로로 잡혔어. 그런데 그 공원은 미노스 왕의 딸인 아리아드네와 파이드라가 자주 산책을 다니는 곳이었지. 하루는 교도관이 테세우스에게 누가 찾아왔다고 알려 주었어. 바로 아리아드네였어. 아리아드네는 테세우스의 외모와 용기에 반해 아버지 몰래 그가 미노타우로스를 죽이도록 돕기로 했어.

"이 실타래를 받아요. 미로에 들어서면 실 끝을 입구에 묶어 놓고 실타래를 조금씩 푸세요. 그러면 나중에 출구를 찾기가 훨씬 쉬울 거예요."

아리아드네는 테세우스에게 마법의 칼도 주었어.

다음 날 아침 테세우스는 미로에 가서 실타래를 꺼내 실 끝을 벽에 묶었어. 그리고 미로를 따라가면서 실타래를 풀었어. 한참을 걷고 나니, 어떤 커다란 방에 다다랐어. 거기에는 무시무시한 미노타우로스가 있었는데 화를 못 참고 테세우스를 덮치려고 했어. 어찌나 무서웠는지 테세우스는 기절할 것만 같았어.

하지만 아리아드네가 준 마법의 칼 덕분에 미노타우로스를 무찌를 수 있었지. 이제 실타래를 따라 입구 쪽으로 나가기만 하면 됐어. 금세 나가는 문을 찾을 수 있었고, 아테네와 크레타는 이렇게 위기에서 벗어날 수 있었단다.

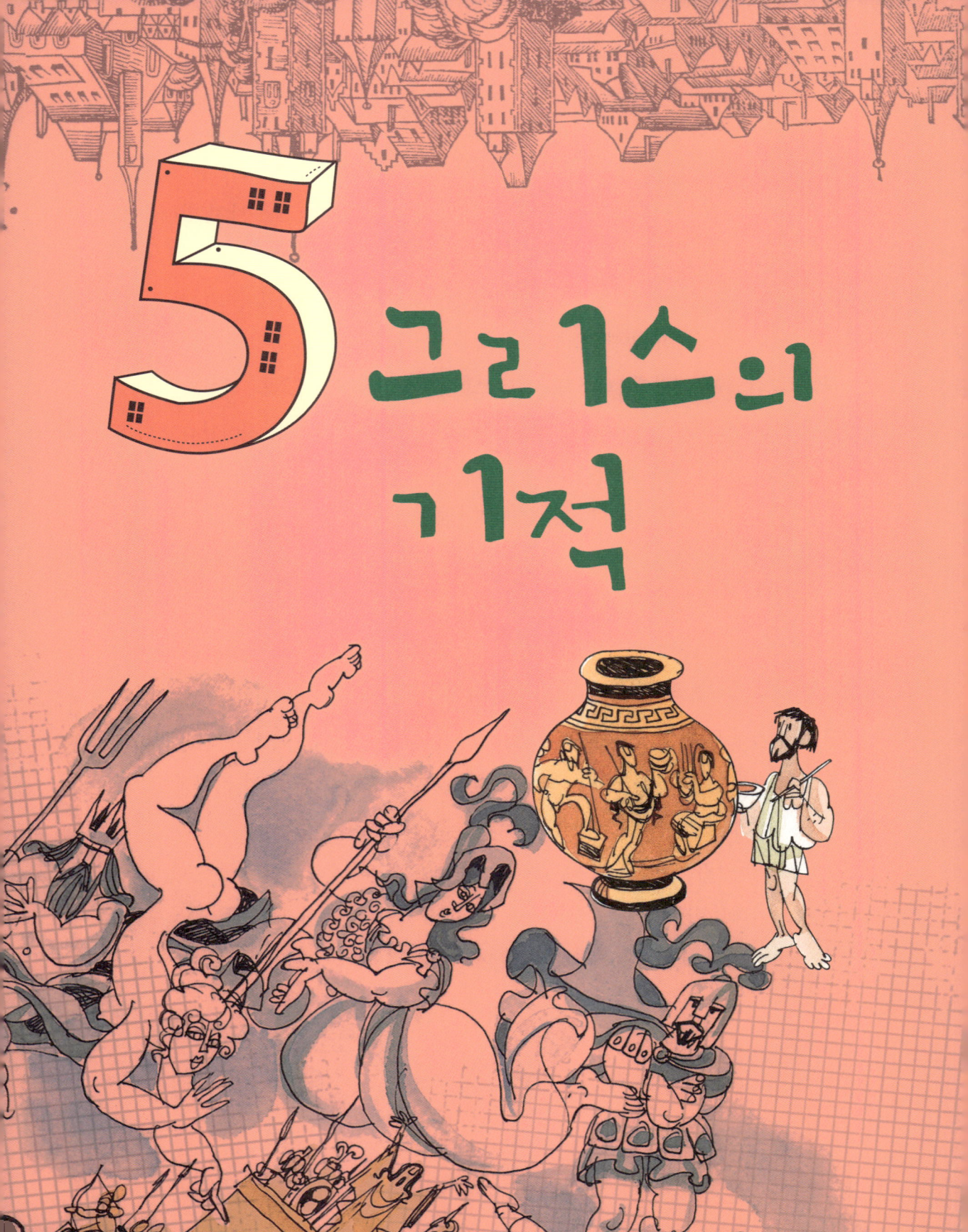

우리는 모두 조금씩은 그리스 인이라고 한다면
다들 의아해 하겠지? 그런데 사실이야.
그리스 인들이 대부분의 문화를 만들었거든.
과학, 철학, 민주주의 그리고 놀라운 예술까지도.
그리스는 작은 도시들로 이루어져 있었어.

가장 유명한 도시는 아테네였는데, 너희도 꼭 가 봤으면 좋겠어. 물론, 지금은 현대적인 도시가 되었지만 말이야. 그렇지만 아테네는 여전히 고대 도시 아크로폴리스의 신전을 가까이 볼 수 있는 곳이야.

그리스 인들은 무엇보다 아름다움을 최고로 여겼어. 아름다움을 위해서라면 전쟁터라도 나갈 준비가 되어 있었지. 그리스 최고의 서사시로 꼽히는 《일리아드》에는 그런 모습이 잘 나타나 있어.

예를 들어 무시무시한 전쟁이 헬레나라는 아름다운 여인 때문에 일어났다는 이야기가 있어. 또 그리스 인들의 아름다움에 대한 동경은 조각가 프락시텔레스의 모델이 된 프리네의 이야기에서도 찾아볼 수 있어.

트로이 전쟁

당시 사람들은 여신 아프로디테와 프리네의 아름다움을 비교하곤 했어. 이를 두고 재판관들은 신을 모독하는 거라고 비난했어. 결국 프리네는 재판대에 오르게 됐지. 그녀의 변호인은 이길 가능성이 없어 보이자 프리네에게 재판관들 앞에서 옷을 훌떡 벗으라고 했어. 프리네는 그렇게 했지. 그러자 모두 프리네의 아름다움에 반해 그녀를 처벌할 수 없었단다.

〈밀로의 비너스〉나 〈원반 던지는 사람〉과 같은 유명한 조각상들은 아직 보존돼 있어. 하지만 그림이나 벽화는 돌로 만든 조각상에 비해 오래가지 않아서 그리스 화가들은 잘 알려지지 않았어.

물론 그리스에도 유명한 미술가들이 많았지만 안타깝게도 그들의 작품은 현대 작가들의 글을 통해서만 알 수 있어. 하지만 그리스 시대의 꽃병에 그려진 장식을 보면 대충 그 당시 그리스의 미술을 짐작할 수 있지.

처음엔 그리스의 그림이 이집트의 그림과 비슷해 보였어. 대상의 옆모습만 그려 놨었거든. 하지만 이름이 알려지지 않은 어떤 화가가 보이는 대로 그림을 그리기 시작했어. 이집트 인들은 늘 발의 옆모습만 그렸지만 이 무명의 화가는 도자기 꽃병의 앞에서 본 발을 그려 넣었지.

'단축법'을 발견했던 거야.

"에이, 그게 뭐야?"라고 말할 수도 있겠지만, 그 당시 이 발견은 미술에 놀라운 발전을 가져왔어. 그럼 이제 단축법이 뭔지 알려 줄게. 단축법은 그림에서 비스듬히 놓여 실제보다 짧아 보이는 물체를 평면으로 옮기는 회화 기법을 말해.

우리 앞에 서 있는 누군가의 모습을 그리는 건 사실 쉬워. 그래서 아이들이 그

> **단축법**
>
> 원근법이 가깝고 먼 것을 나타내는 공간과 관련된 것이라면 단축법은 사물과 인체에 관한 것이다. 한 사람이 서 있는데, 한 발은 옆을 보고 서 있고 다른 한 발은 정면을 보고 서 있다. 그것을 그릴 경우 옆을 보여 주는 발은 원래 발 크기로 길게 그리겠지만 정면을 보는 발은 발가락 부분이 보이게 그리기 때문에 발의 크기가 옆으로 있는 발보다 작게 그리게 될 것이다. 그것이 단축법이다.

렇게 그리는 거야. 그런데 난간 아래를 지나가는 남자를 그린다고 가정하면 어떨까? 우리가 위에서 그 사람을 내려다보는 거야. 머리, 어깨 그리고 앞으로 내딛는 발까지. 생각해 봐. 그리기가 어렵겠지? 게다가 지나가는 사람이 남자라는 사실을 아는 것도 말이야. 한번 실험해 봐. 단축법은 이런 식으로 한 대상을 다양한 각도에서 봤을 때 보이는 모습을 표현하는 것을 말해.

그리스의 미술가들은 자연을 사랑해서 보이는 대로 그리고 싶어 했어. 그래서 인간이 어떤 자세를 취하거나 움직이더라도 그대로 표현하는 법을 배웠지. 그뿐만이 아니야. 그리스 인들은 사람의 겉모습뿐만 아니라 속마음까지 그림에 담아내려고 실력을 키웠어. 당시의 철학가 소크라테스는 자신의 외모는 형편없었지만 아름다움을 찬양하는 사람이었어. 그는 미술가들에게 '영혼의 움직임'을 표현하려면 인간의 몸짓이나 행위를 관찰하라고 조언했어.

자, 그럼 이제 두 명의 그리스 화가 이야기를 들려줄게. 아마 이 이야기를 들으면 그리스 미술가들이 자연을 그대로 그리는 것에 얼마나 관심이 있었는지 알 수 있을걸? 내가 말하려는 두 화가는 바

단축법

로 헤라클레아 출신의 제욱시스와 아테네의 파라시오스인데 기원전 5세기 그리스 미술을 꽃피운 사람들이야.

어느 날 이 둘은 누가 더 훌륭한 화가인지 가리려고 시합을 했어. 포도 한 송이를 그리는 거였지. 둘은 그림을 완성했어. 제욱시스가 그린 그림 속의 포도는 아주 맛있어 보여 새들이 하늘에서 날아와 포도 그림을 쪼아 먹으려고 할 정도였어. 이번에는 제욱시스가 파라시오스에게 그림을 가린 커튼을 걷고 그림을 보여 달라고

자, 보이는 대로 그려 봅시다.

했어. 그런데 파라시오스는 커튼을 걷지 않고 제욱시스에게 말했어.

"커튼도 그린 거요."

이 말에 제욱시스는 깜짝 놀랐어. 결국 제욱시스는 파라시오스에게 패배를 인정했지. 그리고 제욱시스가 그때 한 말이 사람들 사이에서 자주 오르내렸어.

"나는 새들을 속였지만 파라시오스는 나를 속였군."

즉, 제욱시스의 그림은 새들의 눈을 속였지만 파라시오스의 작품은 한 미술가의 눈을 속인 거란 말이었어. 이 이야기는 미술가들이 어떤 사람들인지를 잘 보여 주고 있어. 미술가들은 경쟁심이 매우 강해. 늘 자신의 작품이 다른 화가보다 더 뛰어나길 바라거든. 이건 나중에 대성당이나 르네상스 얘기를 할 때 더 자세히 이야기해 보도록 하자.

아펠레스와 제욱시스의 이야기도 비슷해. 아펠레스는 '신발장이는 신발이나 만들어라' 라는 말을 남겨 유명한 화가야.

한번은 신발 만드는 일을 하는 한 남자가 아펠레스가 그린 신발 그림을 비판했대. 아펠레스는 신발에 관해선 그가 자신보다 더 잘 안다고 생각해서 바로 그림을 고쳤지. 그런데 그 남자가 이번엔 다리를 잘못 그렸다며 지적하자 아펠레스가 이렇게 외쳤어.

"신발장이는 신발이나 만들어라!"

참, 아펠레스는 알렉산더 대왕의 전속 화가였어. 알렉산더 대왕은 아펠레스에게만 자신의 초상화를 그리는 것을 허락하고 매일 아펠레스의 작업실을 찾아갔다고 해.

잠깐! 혹시 집에 어린 동생이 있니? 그렇다면 아이들이 색깔 놀이나 손장난을 좋아한다는 걸 눈치 챘을 거야. 누구나 그림 그리는 것을 좋아해. 하지만 남들보다 더 잘 그리고 특별한 재주를 지닌 사람들이 있기 마련이야. 게다가 그러한 재주를 완벽하게 다듬고자 온갖 노력을 다하지. 바로 이런 사람들을 '예술가'라고 하는 거야. 운동도 마찬가지야. 축구나 테니스 또는 수영을 싫어하는 사람은 드물거든.

즐기는 건 다들 똑같지만 남보다 잘하면서도 더 실력을 늘리려고 훈련할 준비가 된 사람들이 있어. 유명한 축구 선수나 야구 선수들만 봐도 그렇잖아. 그런데 화가도 마찬가지야. 더 나은 모습을 보여 주려고 스스로 훈련하고 노력하거든.

도전!

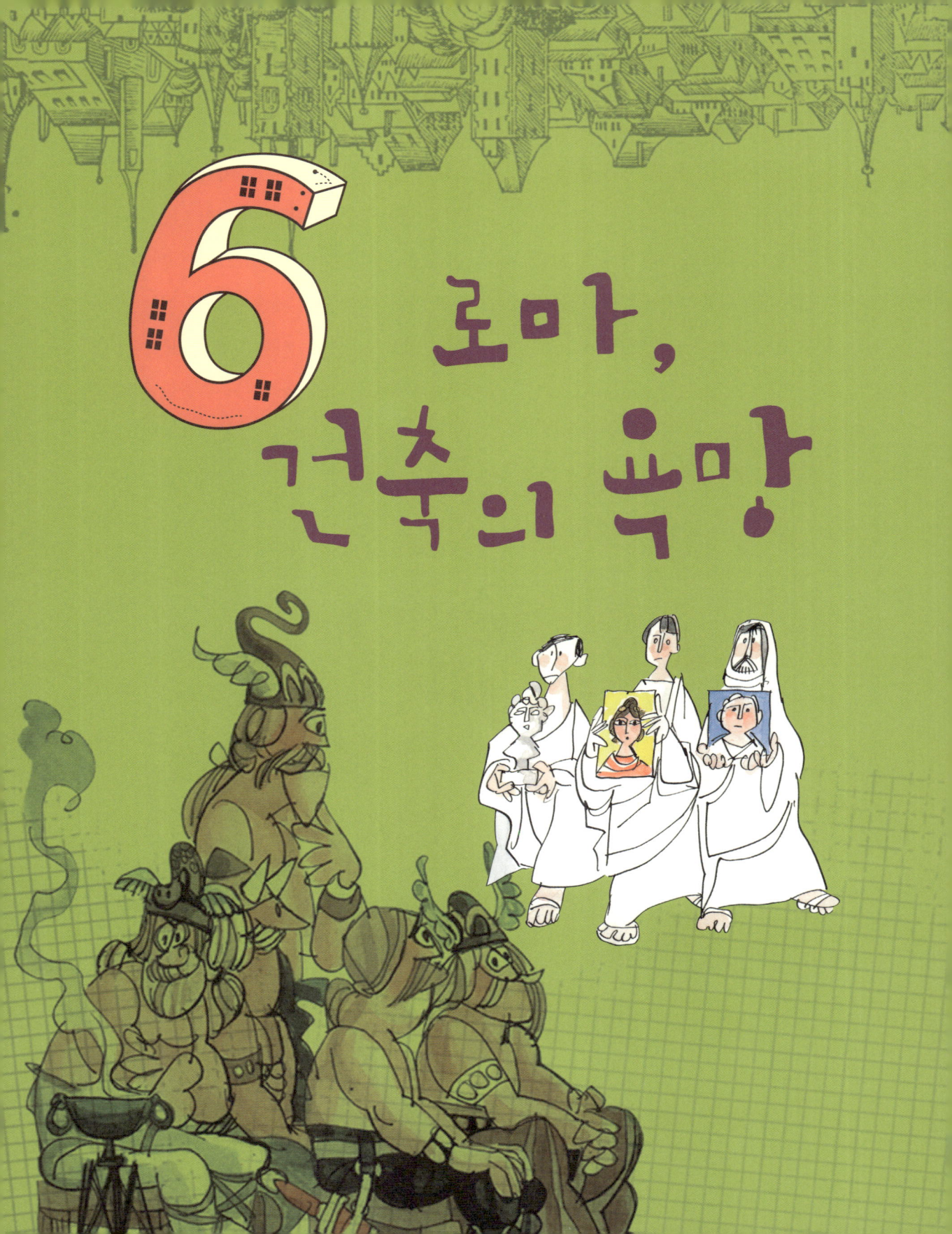
6 로마, 건축의 욕망

다시 항해를 시작해 볼까?
그리스의 세력이 쇠퇴하면서 대신 로마의 힘이 커졌어.
영토 확장에 대한 로마의 열정은 정말 대단했지.
거의 모든 유럽과 아시아 국가들까지 침략할 정도였거든.
로마 제국은 15세기까지 지속됐어.

특히 건축에 관한 로마 인들의 재능은 정말 뛰어났어. 오늘날까지도 잘 보존되어 있는 원형 경기장, 다리, 수로, 도로 등을 보면 알 수 있어. 로마 인들은 건축물에 활처럼 둥근 형태를 지닌 아치형을 꾸준히 사용했는데, 이집트나 그리스 건축에서는 보기 힘든 구조였어.

로마 인들은 이 새로운 발견이 꽤 만족스러웠나 봐. 황제에 대한 경의를 표현할 때도 아치형을 사용했거든. 또 정복한 모든 영토 내에 승리의 표현으로 아치를 세우기도 했지. 나도 몇 군데 지나가 본 적이 있어. 당시엔 황제들을 기리려고 아치를 만들곤 했단다.

로마의 부대는 곳곳에 있었는데, 장군들은 병사들이 빈둥거리는 것이 싫어 큰 건물을 세우거나 튼튼한 다리를 짓도록 명령했어. 지금도 남아 있는 대부분의 로마 제국 시대에 건설된 도로의 끝에는 모두 수도 로마가 있어. '모든 길은 로마로 통한다' 라는 속담이 그냥 나온 게 아니라니까.

로마 인들은 정치와 법률에 뛰어난 재능을 보였어. 너희 중에 나중에 법학을 전공하게 되는 사람이 있으면 반드시 로마법을 공부하게 될 거야. 로마법이 지금의 법체계를 만들었거든.

로마 인들의 흔적은 지금 쓰는 언어에서도 찾을 수 있어. 스페인 어, 카탈란 어, 프랑스 어, 포르투갈 어, 갈리시아 어, 이탈리아 어, 루마니아 어 등 많은 언어의 뿌리가 바로 로마 인들이 사용한 라틴 어야.

수도 로마는 여러 순간 역사의 주인공이 되었어. 로마 제국이 지구에서 가장 강력한 국가였던 때가 그 시작이었지. 또 로마 제국에서 신생 기독교의 자취를 느낄 수도 있어. 어떻게 그럴 수 있느냐고? 로마 제국이 가톨릭 국가가 되면서 로마는 제국의 수도뿐만 아니라 가톨릭의 수도가 되었거든!

그래서 로마는 수백 년 뒤 르네상스 미술의 심장부 중 하나가 돼. 이렇게 중요하다고 했으니 나중에 로마는 한 번 더 살펴보도록 하자.

자, 그럼 다시 미술 이야기로 돌아와서 1748년 고고학자들이 이탈리아에서 굉장한 발견을 했어. 용암에 덮여 찾을 수 없었던 폼페이의 유적을 찾아냈거든.

폼페이는 79년 베수비오 화산의 분화로 파괴된 고대 도시야. 폼페이의 집 벽은 초상화나 풍경화 또는 신화 속 장면을 그려 넣은 그림으로 가득했어. 이것이 미술의 흔한 쓰임이었어. 더 보기 좋게 만들거나 부를 자랑하려고 벽을 꾸미는 거지.

그래서 집 하나하나가 작은 미술관이나 마찬가지였어. 각 칸마다 삶의 즐거움, 고대 의식, 춤추는 여인들, 입에 새를 물고 있는 고양이 등이 그려져 있지. 결국 우리가 사는 모습을 담아낸 거야. 50년 무렵 그려진 〈테렌티우스의 초상〉이 아직도 보존돼 있어. 그림 속 부부의 얼굴은 세월을 모른다니까.

19세기 말 고고학자 윌리엄 피트리가 이집트 남부의 엘페이윰 지역에서 어떤 보물을 발견했어. 참, 당시 이집트의 수도가 어디였는지 알아? 크로코딜로 폴리스인데 '악어의 도시'를 뜻한다고 해. 윌리엄 피트리가 찾아낸 건 수백 장의 초상화였어.

놀라울 정도로 완벽한 초상화들은 1~3세기 로마 점령기 때 그려진 것이었어.

주로 미라 위를 덮는 데 쓰였던 거야. 초상화들을 보고 있으면 온 백성이 다시 살아날 것 같은 느낌을 받아. 갑자기 2천 년 전의 개인 블로그에 접속한 것처럼 느껴지기도 해. 지금은 여러 미술관에 나뉘어 전시돼 있어. 난 초상화를 보면 꼭 옛 친구를 만난 것처럼 반갑더라. 가족은 잘 지내는지, 어떻게 지냈는지, 일은 잘 되는지 등을 물어보고 싶다니까.

로마의 초상화

이때쯤 미술은 사람들의 기억을 되살리는 역할을 하게 됐어. 우리는 나, 가족, 친구, 가 봤던 장소 등의 사진을 보관하잖아. 왜 그런지 생각해 봤니? 바로 기억하기 위해서야.

초상화도 마찬가지야. 로마 인들은 조상의 모습을 간직하그 싶어 했어. 정확히 말하자면 조상을 섬기고자 했지.

그래서 로마 인들의 종교 의식에서 조상을 기억하는 것은 중요했지. 특히 고대 로마에는 밀랍으로 만든 조상의 형상을 장례식에 가지고 가는 풍습이 있었어. 그 형상이 얼마나 진짜 같은지 보면 놀랄 거야. 왜 놀라느냐고? 그리스 인들은 모든 것이 아름답길 원해서 이상적인 얼굴만 그렸지만, 로마 인들은 달랐거든. 못생긴 사람은 그대로 못생기게 그리는 식이었지.

잠깐! 이건 우리 탐정한테는 흥미로운 문제야. 현실 세계에서 우리는 아름다운 얼굴을 보는 걸 좋아하지. 하지만 얼굴이 못생긴 사람의 그림을 보면서 즐길 수도 있어. 이건 여행을 하면서 다시 확인할 수 있을 거야.

그런데 여기선 어떨까? 아름다움에는 두 가지 종류가 있어. 하나는 실제로 아름다운 것, 다른 하나는 예술적으로 아름다운 것이지. 외모가 출중한 여성의 초상화가 미술에서는 평범하고 형편없을 수 있어. 반면에 못생긴 여성의 초상화가 미술 작품으로서는 아주 아름다울 수도 있는 거지. 이 문제를 좀 더 고민해 보자고.

이집트에서 로마까지, 5천 년에 달하는 역사를
정말 후다닥 지나온 것 같아. 하지만 세상은
이집트, 크레타, 그리스 그리고 로마가 전부는 아니야.
자, 그럼 다른 나라에선 어떤 일이 벌어지고 있었을까?

대략 기원전 900년에서 200년까지의 시기를 '축의 시대' 또는 '기축 시대'라고 불러. 그 시대를 축으로 세계 문화가 움직이기 때문에 그런 이름이 붙여졌어. 아주 위대한 전통들이 여러 국가에서 인류의 영양분으로 빛을 발했지. 공자, 힌두교 우파니샤드 고대 인도의 철학서의 저자들, 부처, 이스라엘 예언자들이 중심이 되어 이러한 전통들을 만들었어.

이들 인류의 위대한 성인들은 자기 종족만 생각하는 이기주의에 빠졌던 인류에게 브편적 사랑과 깊이 있는 정신 문명을 가르쳐 주었지.

그런 면에서 그리스의 소크라테스도 중요한 인물이야. 이들 이름은 꼭 기억해 둬. 세계 문명의 기초를 만든 위대한 사람들이거든. 예를 들어 모세와 그의 뒤를 이은 예수 그리스도는 서양 문명에 영향을 주었어. 부처는 인도를 포함한 아시아

지역의 문명에, 공자는 중국에 영향을 주었지.

　자, 이쯤에서 너희가 아직 배우지 않았을 한 가지를 알려 줄게. 종교는 모든 문화의 탄생에서 매우 중요해. 그리고 미술사 역시 종교의 영향을 많이 받았어. 그런데 사람이나 동물을 표현하는 것을 두려워하는 종교들도 더러 있었어. 바로 이스라엘이 그런 경우야.

　유대 인히브리 어를 사용하며 유대교를 믿는 민족은 여호와를 유일신으로 섬겼지만 주변 국가의 백성은 다양한 재료로 만든 형상을 우상이라 여기고 우상을 숭배했지. 사람

이 만든 형체를 성스럽고 귀하게 여기는 것을 '우상 숭배'라고 한단다.

유대 인은 우상 숭배를 막으려고 수백 년 전부터 법으로 모든 형상을 금지했어. 영적인 신을 섬기는 종교인들에겐 단순한 조각상을 신으로 숭배하는 건 끔찍한 일이었거든.

한번은 모세가 산에 오른 적이 있어. 그의 말로는 여호와와 대화를 나누려고 그랬다고 해. 돌아오는 길에 모세는 자신이 없는 틈에 백성이 금송아지를 만들어 신으로 떠받드는 모습을 보게 됐어. 그래서 다시는 그런 끔찍한 일이 벌어지지 않도록 모세는 형상을 금지했어.

또 다른 경우를 볼까? 어떤 종교들은 지나치게 형상에 기대면 신자들이 신이 무한하고 영적이며 형체가 없다는 사실을 잊을까 봐 두려워했어. 그런데 모세 이후 수백 년이 지난 지금도 이슬람교 신자들은 종교적인 이유로 형상을 거부한단다. 몇 년 전 아프가니스탄의 탈레반무장 이슬람 정치단체이 그 지역에 있던 오래된 부처상, 바미안 마애석불을 부숴 버렸어.

이슬람 미술가들은 다른 추상적인 형태를 통해 그들의 창의성을 계발해야 했어. 그래서 선을 엮어 놓은 무늬인 아라베스크를 만들어 냈어.

인도, 중국, 일본의 미술도 종교와 관계가 깊어. 600년 전 부처가 만든 불교가 이들 나라의 미술에 많은 영향을 주었어.

바미안 마애석불

아프가니스탄은 현재 이슬람 국가다. 그러나 2-5세기 때 쿠샨 불교 왕조가 지배하면서 불상이 세워졌다. 바미안 마애석불은 세계에서 가장 큰 석상으로 알려져 세계 문화유산에 등재되었다. 하지만 아프가니스탄의 정권을 잡은 탈레반은 우상 숭배를 금지한 이슬람 율법에 어긋난다며 모든 불상을 파괴하도록 하였다.

바미안 마애석불

불교에서는 명상이 가장 중요해. 그렇게 하면 고통에서 벗어나 '절대'의 경지에 오를 수 있다고 생각했지.

중국의 미술가들은 자신의 작품이 명상에 도움이 되길 바랐어. 그래서 근사한 통에 넣어 둔 기다란 비단 두루마리 위에 산과 물 그리고 섬기는 신을 그렸어. 자연을 있는 그대로 그리려고 하지도 않았어.

또 그림을 배우며 종교에 관한 교육을 하기도 했어. 중국 화가들은 대나무나 바위 혹은 아주 간단한 소나무 한 그루를 그리는 데도 수년간 연습을 했어. 절대 서두르는 법이 없었지. 그들에게 미술은 거래를 하거나 재주를 뽐내려는 것이 아니라 마음을 수련하는 수단이었기 때문이야.

중국의 승려 화가 시타오석도:石濤는 미술 안내서인 〈화어록畵語錄〉을 썼어. 이 책에는 화가가 획 하나로 전 세계를 표현하기 위해 어떻게 자신의 몸을 수련해야 하는지가 나와 있어.

일본의 유명한 근대 화가 호쿠사이1760-1849가 자신의 인생에 대해 쓴 글을 읽어 보렴.

> 나는 6살부터 사물의 형태를 그리는 것을 좋아했다. 50살이 되자 그때까지 그린 그림의 수가 셀수도 없었지만, 60살이 되기 전에 그린 그림은 모두 생각할 가치도 없었다. 73살이 되던 해, 나는 자연을 비롯해 동·식물, 새, 물고기 그리고 곤충의 진정한 구조에 대해 조금 알게 되었다.
>
> 80살이 되면 나는 더 큰 배움을 얻고 90살이 될 무렵 사물의 수수께끼를 헤아리게 될 것이다. 그로부터 10년 뒤 나는 분명히 놀라운 단계에 도달하고 그 후 또 10년이 지났을 때는 점이든 선이든 내가 그리는 모든 것은 살아 있게 될 것이다.

미술 천재는 국적을 불문하고 어느 나라에나 있어. 하지만 저마다 차이는 있겠지. 이건 전혀 놀랄 일이 아니야. 언제나 새로운 것을 만들고자 하는 마음이 창의력의 특징이니까.

서양 미술과 동양 미술 등 종류는 다양해. 이집트의 미술이나 중국 또는 아프리카의 미술이 다른 것처럼 말이야. 언어나 글쓰기도 마찬가지야. 모든 문화에서 땅, 식물, 하늘, 자식, 부모, 음식 등 같은 소재를 다루지만 저마다 이를 나타내는 단어나 철자가 다른 것처럼 말이야.

한국과 중국과 일본처럼 동양의 서예는 아름다우면서 동경의 대상이야. 글로 쓰인 시 한 편도 완벽한 작품이 될 수 있어. 단어의 아름다움을 글의 아름다움과 결

합시켰기 때문이지.

잠깐! 우리는 미술을 통해서 서로 다른 문화를 이해하거나 평가할 수 있어. 그래서 미술은 모두가 이해하고 함께할 수 있는 보편적인 언어라고 할 수 있어. 아름다운 것을 만들고 싶어 하는 열정은 전 인류를 하나로 만들 수 있단다. 그렇다고 모두 같다는 것은 아니야. 그러한 열정은 각 문화나 예술가의 방식에 따라 창조되는 거야.

이외에도 보편적인 것이 또 있어. 우리가 단순히 어떤 느낌을 전달하거나 새로운 것을 발명하는 것에서 끝나지 않고, 더 나아가 우수한 작품을 통해 풍부한 감수성을 키운다는 거야.

'취향'과 '감수성'을 교육으로 키울 수 있다는 것이 미술사의 진리 중 하나거든. 그래서 취향이 세련되거나 감수성이 풍부한 사람이 있는가 하면 그렇지 않은 사람도 있는 거지. 이렇게 보면 미술은 어떤 사람이 가지고 있는 여러 모습과 관련이 있다고 할 수 있어. 그러니까 호기심 때문이 아니라, 감수성을 훈련하려고 미술사를 공부하는 거야.

우리는 수세기 동안 각자의 문화권에서 살아왔기 때문에 다른 문화권을 이해할 수가 없었어. 자신과 다른 신념, 종교, 생활 방식 등은 이해하기 어려운 법이니까 말이야. 미술가들은 이 문제에 대해선 다른 사람보다 한 걸음 앞서 갔어. 유럽 미술이나 중국의 미술, 인도나 아프리카의 조각 등을 서로서로 관찰하며 거기서 가치를 발견하고 배움을 얻었거든.

8 로마 제국의 종말

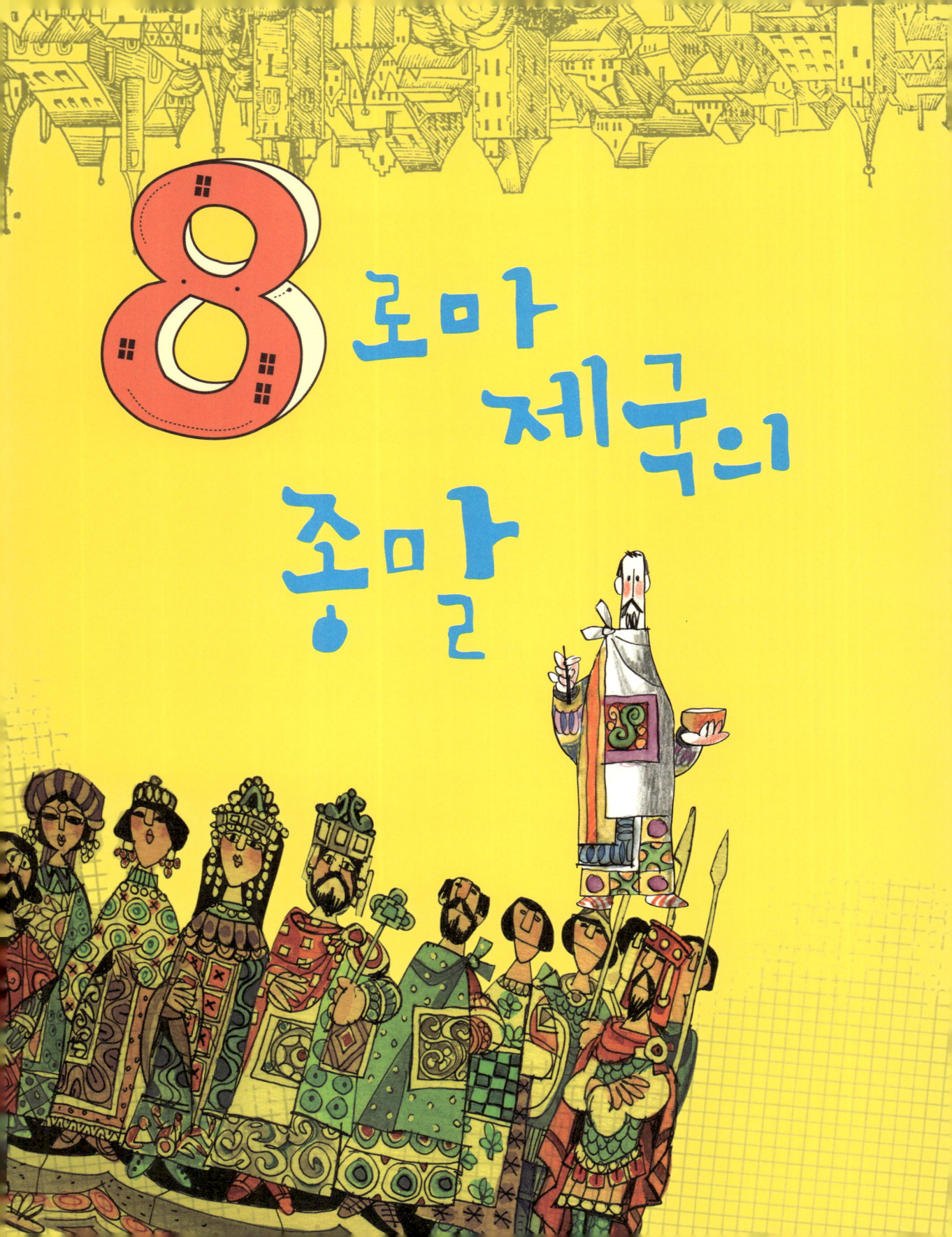

자, 다시 유럽과 그 역사로 돌아와 보자.
이스라엘에서 일어난 한 사건이 세계사뿐만 아니라
미술사까지 바꿨어. 바로 기독교의 탄생이야.
기독교의 창시자인 나사렛 예수가
서른이 조금 넘었을 무렵이었어.

그는 신을 욕되게 하고 로마에 대한 반역을 꾀했다는 혐의로 법정에 섰다가 사형 선고를 받았어. 바로 십자가형이었지.

당시 이스라엘은 로마 제국의 지배를 받고 있었어. 예수가 죽은 뒤에 예수의 제자들은 예수가 부활했다고 주장하며 그를 메시아이자 신의 아들이라고 여겼어. 로마 인들은 기독교를 잔인하게 억압했어. 하지만 기독교는 로마 제국 전체로 퍼졌어. 그리고 콘스탄티누스가 집권하던 313년, 마침내 공인을 받게 되었지.

유능한 황제였던 콘스탄티누스는 그 당시 위험한 결정을 내렸어. 로마 제국의 수도를 터키의

기독교

기독교는 유대교와 달리 예수를 중심으로 믿는 종교를 말한다. 기독교에는 그리스 정교회와 가톨릭교 그리고 개신교가 있다. 우리나라에서는 개신교를 기독교라고 부르는데, 본래 기독교의 의미는 개신교를 뜻하는 것이 아니라 예수를 믿는 종교 전체를 의미한다.

비잔티움으로 옮기기로 한 거야. 그러고는 자신의 이름을 따서 비잔티움의 이름을 콘스탄티노플로 바꿨어. 바로 현재의 이스탄불이야.

그 뒤 로마 제국은 매우 거대해졌고 콘스탄티노플은 유럽과 아시아의 거의 한가운데에 있게 됐지. 스페인 시인 에스프론세다의 〈해적의 노래〉라는 시에 이런 내용이 나와. 이 시를 보면 그 당시 로마 제국의 거대함을 알 수 있어. 그중 한 구절을 소개할게.

……배 뒷머리에서 즐겁게 노래하는
해적 선장을 보아라.
옆에는 아시아가 또 다른 옆에는 유럽이
그리고 앞에는 이스탄불이 있다.

대단하지? 실제로 터키의 서북부에 위치한 마르마라 해에서 이스탄불 쪽을 바라보면 왼쪽에는 유럽이, 오른쪽에는 아시아가 있단다. 그런 거대한 제국의 왕이었던 테오도시우스는 로마 제국을 두 자녀에게 나누어 주었어. 로마를 수도로 한 서로마 제국과 콘스탄티노플을 수도로 한 동로마 제국으로 나눈 거야.

그 당시의 왕들은 왕국을 자기 마음대로 나눌 수 있는 농장 정도로 생각했거든. 로마 제국을 그렇게 나눈 것은 미술사와 유럽의 운명에 큰 영향을 주었어.

5세기 무렵 북유럽의 전사들이 이탈리아에 쳐들어오면서 서로마 제국을 차지하게 됐지. 이건 정말 큰 변화였어. 제국뿐만 아니라 수백 년간 수도원과 교회에서

만 보존됐던 로마 제국의 문화까지 쇠했기 때문이야.

하지만 동로마 제국은 평온했고 1453년 술탄 마호메트 2세가 콘스탄티노플을 정복할 때까지 살아남았어.

어떻게 보면 역사는 단순한 힘겨루기 같아. 강한 자가 약한 자를 아무런 설명 없이 노예로 삼았지.

새롭게 태어난 기독교는 미술가들에게 많은 문제점을 제기했어. 어떤 종교든지 처음에는 미술을 통해서 사람들과 가까워질 수 있다는 사실을 잊으면 안 돼. 미술이야말로 인간의 마음을 움직이는 방법이거든. 기독교 역시 마찬가지였어.

　이윽고 교회가 지어지면서 기독교인들은 교회를 어떻게 꾸며야 할지 고민했어. 혹시 내가 앞에서 말한 것 기억나니? 기독교의 뿌리인 유대교는 어떤 종류의 그림도 형상도 금지했다고 한 것 말이야. 물론 기독교인들은 유대교의 이러한 생각을 받아들이진 않았지만 교회에 조각상을 들여놓는 건 안 된다고 생각했어. 기독교로 종교를 바꾸면서 우상 숭배를 거부하게 된 신자들을 혼란스럽게 만들 것 같았거든.

　아마 최초의 기독교인들이 지금의 교회에 들어가 그리스도나 성모 마리아, 성인들의 조각상이 많은 걸 보면 깜짝 놀라겠지?

　그런데 기독교인들은 조각상과 달리 미술에 관해선 다른 생각을 했어. 미술이 백성을 교육하는 데 도움이 될 거라고 생각했지. 6세기에 살았던 그레고리오 대교황은 그림을 반대하는 이들에게 이렇게 말했어.

　"교회의 구성원들은 글을 읽을 줄도 쓸 줄도 몰랐는데 동화책의 삽화처럼 그림이 이들을 가르치는 데 매우 유용했다. 그림은 글을 모르는 사람에겐 글과 같은 것이다."

　이것으로 미술은 살렸지만 대신 어마어마한 제약이 뒤따랐어. 그리스와 로마의 미술이 일궈 낸 자연에 대한 관심, 그러한 신선함을 잃게 된 거야. 어떻게 보면 웅장하면서 절도 있고 반복적인 이집트 미술과도 닮았어.

하지만 그 역사는 좀 더 복잡해. 내가 지금까지 말한 건 라틴 어를 쓰던 라틴 교회에 대한 거야. 이제 그리스 어를 사용한 동로마 제국을 볼까?

동로마 제국의 기독교 교회는 로마 교황의 권위를 받아들이지 않았어. 미술에 대한 그의 조언까지도 말이야. 동로마 제국에서는 종교적 성격을 지닌 모든 형상에 대한 반대파까지 생겨났어. 이들을 우상이나 형상을 파괴하는 사람을 뜻하는 '성상 파괴론자'라 불렀어.

성상 파괴론자들은 교회와 수도원에 들어가 모든 형상을 부숴 버렸어. 이는 이미 형상을 신과 동등한 존재로 섬기는 것에 익숙해진 많은 기독교인을 분노와 고뇌에 빠뜨렸지. 많은 동로마 제국의 기독교인은 성상 파괴론자들에 대한 반격으로 서로마 제국으로 가 버렸어. 물론 그들은 그레고리오 대교황처럼 그림이 유용하다고 생각하지 않았어. 대신 성스러운 것이라 여겼지.

이렇게 해서 미술을 대하는 기독교의 생각은 세 가지로 나뉘게 됐어. 라틴 교회는 가르치기 위한 수단으로써 미술을 사용해야 한다고 생각했어. 성상 파괴론의 입장에 가까웠던 그리스의 교회는 종교적 형상은 성상 파괴를 유도함으로 없애야 한다는 생각이었지. 그리고 그리스 정교회는 특정 형상을 통해 신이 나타날 수 있으니 형상은 성스럽다고 주장했단다. 당시 형상을 보고자 하는 마음은 어마어마했어. 그래서인지 성상 파괴주의도 그 흔적을 감추고 말았어.

자, 여행을 계속하기 전에 잠깐 비잔틴 제국 유스티니아누스 1세의 황후인 테오도라 황후를 소개할까 해. 지금까지 보존된 〈테오도라의 초상화〉는 그린 것이 아니야. 우리가 아직 다루지 않은 모자이크라는 기법으로 만들어졌지. 모자이크는

'테세라'라는 여러 빛깔의 조각 재료를 이어 붙이는 걸 말해. 이렇게 만들어진 신하와 시녀들에게 둘러싸인 〈테오도라의 초상화〉는 이탈리아 라벤나 산 비탈레 교회에 보관돼 있어.

> **모자이크**
> 여러 가지 빛깔의 돌이나 유리, 금속, 조개껍데기, 타일 따위를 조각조각 붙여서 무늬나 회화를 만드는 기법. 우리말로는 '짜 맞추기'라고도 함.

초상화는 엄숙하고 형식적이면서도 사실적이야. 그래서 그 당시의 풍습을 재현할 수 있게 해 주지. 황후 옆에 있는 두 명의 고위 관리는 흰색과 검은색이 들어간 신발을 신고 있어. 당시 이런 색의 신발은 신분이 높다는 걸 뜻해. 황제가 임명장과 함께 이 신발을 주었거든. 이렇게 초상화는 사실적인 풍습을 재현하게 해 주는 거야.

그림의 주인공인 테오도라는 유스티니아누스 황제의 부인이었는데 이 부부는 달콤한 사랑 이야기의 주인공이기도 해.

유스티니아누스는 공연의 연기자였던 테오도라를 처음 만났을 때 황제의 참모이자 유력한 황위 계승자였어. 둘은 금세 사랑에 빠졌고 결혼을 했지. 유스티니아누스가 황제가 되자 테오도라는 황후가 됐어. 테오도라는 남편과 힘을 모아 신중하면서도 엄격하게 나랏일을 보살폈어.

비잔틴 제국은 근엄함과 의전 그리고 예법을 중시했어. 황제만 쓸 수 있는 색이 따로 있을 정도였지. 바다에 사는 달팽이에게서 추출하는 자주색이 그중 하나야. 부를 과시하는 것도 황제의 권력을 드러내는 방법 가운데 하나였거든. 의전서에 보면 이런 구절이 나와 있어.

"의식의 아름다움을 통해 황제의 권위가 보다 절대적이고 강력하게 보이며 다

〈테오도라의 초상화〉 일부

른 나라뿐만 아니라 제국의 백성도 감동시킬 수 있다."

자, 이제 미술이 여러 목적을 위해 쓰였다는 걸 알겠지? 미술은 선사 시대의 동굴과 이집트 무덤에서는 마법 같은 요소였어. 키프로스와 그리스에서는 집을 장식하는 데 쓰이기도 했고 로마에서는 조상을 기리는 수단이 되기도 했지. 또 초기 교회에서는 글을 모르는 사람들을 가르치려고, 비잔틴 제국에서는 정치적 선전을 위해 미술을 이용했어. 하지만 아직도 우리가 발견해야 할 미술의 다른 쓰임이 많단다.

9 천방지축 서양 미술

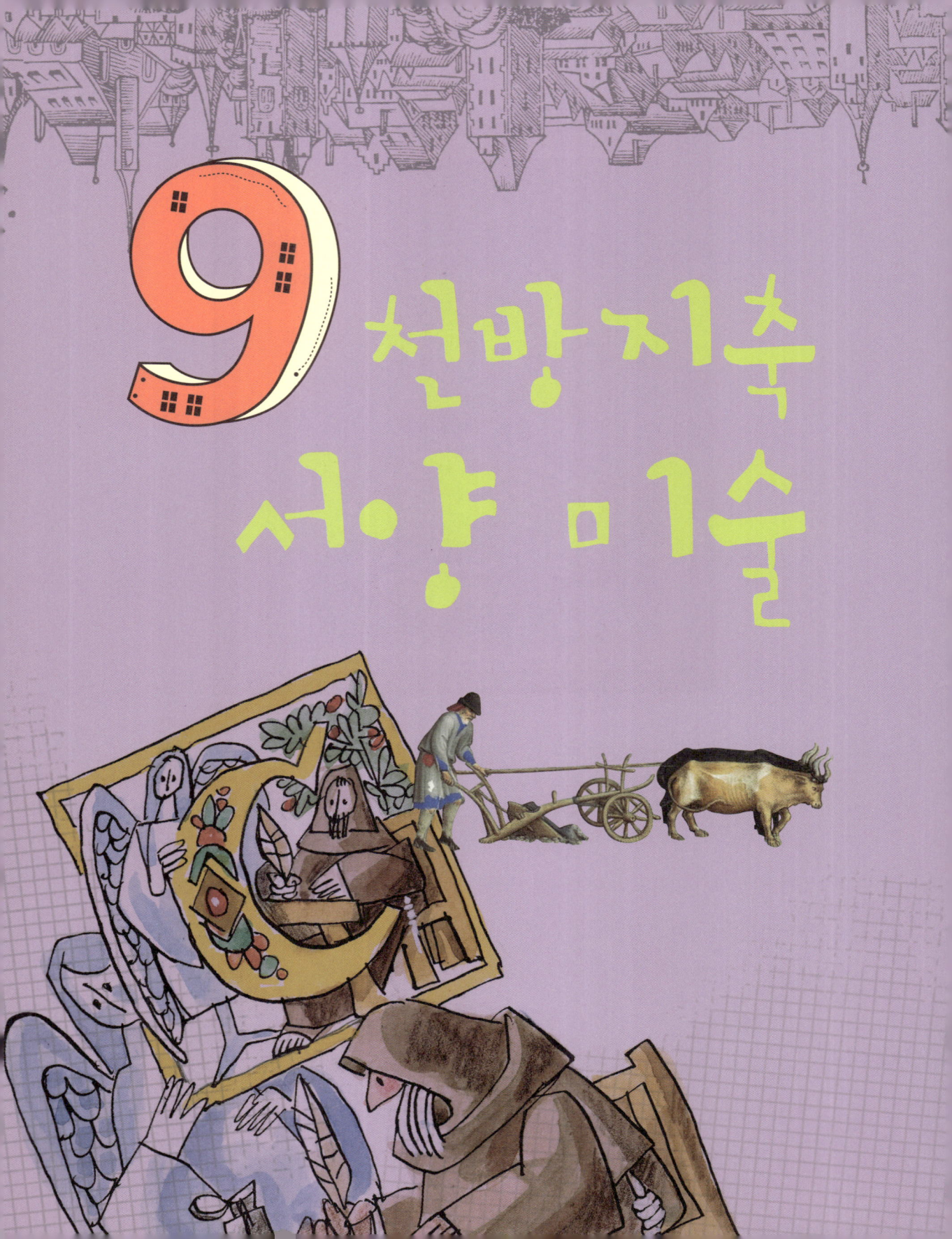

지금까지 여러 형상을 통해 여행을 해 왔어.
이집트에서부터 라벤나의 모자이크까지
길고 긴 강을 건넌 것 같아.
이제 흥미로운 결론을 내릴 수 있을 거야.
바로 미술에는 두 가지 종류가 있다는 거지.

　첫 번째는 같은 것이 반복돼도 개의치 않고 창의성을 그리 중시하지 않는 미술이야. 이집트, 동양, 비잔틴 제국의 미술이 그렇지. 이건 아이들이 같은 이야기를 몇 번이고 들려 달라고 하는 것과 비슷해. 우리도 마찬가지야. 어떤 노래가 마음에 들면 여러 번 듣잖아. 안 그래?

　두 번째 유형의 미술은 좀 전에 말한 미술과는 정반대야. 변화와 실험 그리고 새로움을 좋아해. 이게 바로 서양 미술이야. 이 두 유형이 삶을 이해하는 방법이라고 할 수 있어.

　우리는 발전하려면 새로운 것을 만들어야 한다고 생각하지. 그래서 어쩔 때는 우리의 흔적이 없어질 때도 있어. 모든 게 한 번 쓰고 버리는 것이 아닌가 싶어. 하

로마네스크 양식으로 건축된 바티칸 성 베드로 성당

지만 완벽한 경지에 이르렀을 때 이미 이룬 것을 반복함으로써 발전할 수 있다고 믿는 사람들도 있어. 이런 사람들도 전통과 습관에 머무르기 때문에 자기 자신을 잃어버리게 되지.

　앞으로 여행하면서 우리는 특히 서양 미술을 중심으로 파헤칠 거야. 중세 시대 동안 미술은 여러 시기를 거치면서 그 시기의 유행을 타게 돼. 그중 가장 중요한 것은 로마네스크 양식과 고딕 양식이야.

로마네스크 양식과 고딕 양식

로마네스크 양식은 고딕 이전의 양식이다. 서유럽에서 성행한 기독교 미술 양식으로 석조 성당의 둥근 천장, 창, 입구 따위에 반원 아치를 많이 사용했다. 12세기 중반에는 고딕 양식으로 발전했다. 또한 고딕 양식은 아치와 하늘 높이 솟은 뾰족탑 등 수직적 효과를 강조한 건축 양식이다.

잠깐! 미술가들은 항상 무엇을 그릴 건지 말해야 한다는 생각을 하고 있었어. 그래서 수세기 동안 미술가들은 중요한 대상을 작품에 담아야만 자신의 작품이 큰 의미가 있다고 생각했지. 그러니까 신화나 종교적 이야기를 작품에 담아내는 거지.

하지만 결국 미술의 핵심은 주제가 아니라 어떻게 그리느냐에 있다는 것을 깨닫게 됐어. 설령 추한 모습의 대상이라도 아름답게 표현될 수 있다는 걸 말이야.

중세 시대 미술가들이 가장 힘들게 한 작업은 바로 필사본_{손으로 글을 써서 만든 책}을 장식하는 거였어. 그 당시에는 책 하나하나가 보물이나 마찬가지였어. 그래서 책에 그림을 그려 넣어 그 가치를 더욱 높이려고 했지.

성직자들은 수개월 또는 수년에 걸쳐 동물 가죽으로 한 장 한 장 만든 책을 복제했어. 하지만 그것으로 만족하지 않았어. 그래서 첫 글자(대문자)를 장식하고 테두리나 삽화를 넣었어. 말 그대로 책을 '빛나게' 만든 거지. 당연히 일반 백성은 그런 책을 읽을 수 없었겠지?

그래서 교회 장식이라고

고딕 양식으로 건축된 독일 쾰른 성당

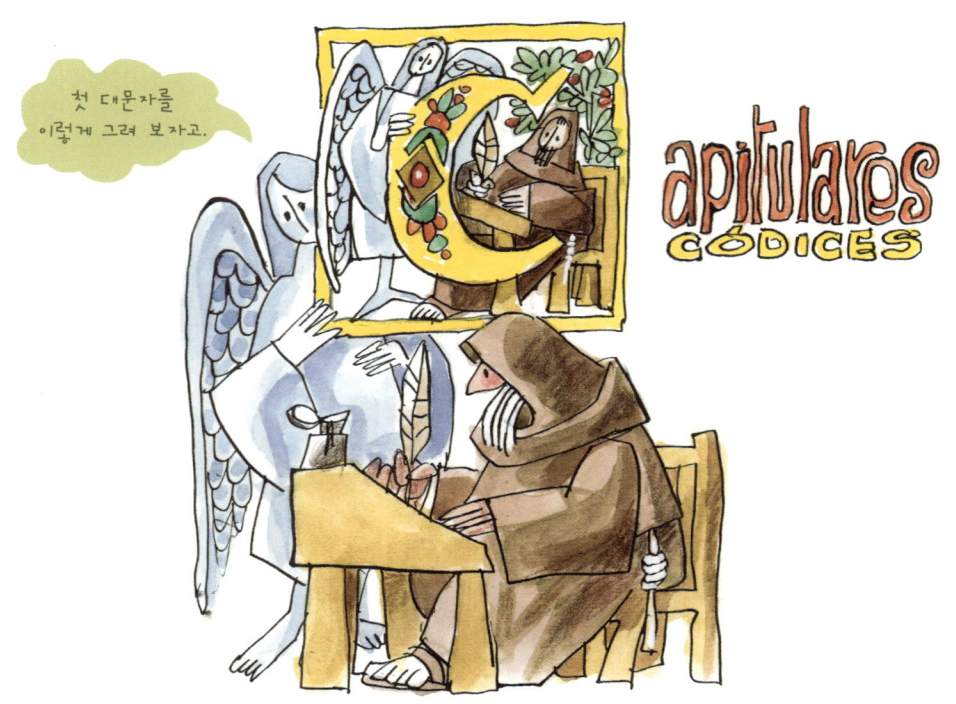

하기엔 뭣한 판타지적 요소를 더하기도 했지. 이를테면 상상 속에나 있을 법한 형태나 현실 세계에 없는 식물, 괴물, 악마, 천사 등을 그린 거야. 또 지옥이나 천국을 묘사하기도 했어. 이런 성직자들을 멈추게 하는 건 아무것도 없었어.

고사본양피지로 만든 종교 서적을 꾸미는 데만 수년, 수십 년을 보낼 준비가 된 사람들이었거든. 고사본 안의 그림에는 새로운 것과 변화를 추구하는 마음도 나타나 있었어. 좀 더 부드럽고 가벼워지고 있었지. 하지만 책을 장식하는 건 아주 힘든 일이었어. 성직자들이 책 한 귀퉁이에 "피곤하다", "발이 꽁꽁 얼었다", "허리가 아프다"는 식의 글을 남겨 놓은 것만 봐도 알 수 있어.

고사본을 만드는 일은 그 뒤로도 수백 년간 계속됐어. 굉장한 그림이 수록된 책들도 있었는데, 그중 하나가 달력과 기도문을 섞은 '기도서'야. 15세기 랭부르 형제가 베리 공작을 위해 가장 아름답고 유명한 기도서를 만들었어. 바로《베리 공의 지극히 호화로운 기도서》야. 프랑스 국왕의 동생인 베리 공작이 기도서의 주인이었지.

삽화가들은 공작의 개, 사치품, 음식 등 공작 자신이 아끼는 것에 둘러싸인 모습을 표현했어.

그 당시 베리 공작의 권력은 절대적이었어. 베리 공작의 횡포에 질린 백성이 귀족들의 야망을 이루기 위한 전투에 참여하지 않겠다고 선언했어. 그러자 그가 이렇게 말했지.

"이건 너희와는 전혀 상관없는 일이다. 왕과 같은 피가 흐르는 우리가 원할 때 전쟁을 하고 원할 때 그만둘 것이다."

베리 공작은 300명에 달하는 호위대, 그리고 곰 한

《베리 공의 지극히 호화로운 기도서》의 삽화

〈바이외 태피스트리〉일부분

마리를 데리고 다녔어. 그가 키우는 개만 해도 1천5백 마리가 넘었지. 그래서 랭부르 형제는 성대한 연회, 전투 그리고 마을 사람들의 삶을 그림에 담아냈어.

랭부르 형제는 네덜란드 태생이었는데, 그 기도서는 네덜란드 미술에서 큰 자리를 차지한 서민적 사실주의에 대한 감각을 잘 보여 주었단다. 나도 《베리 공의 지극히 호화로운 기도서》 한 부를 가지고 있는데 참 재미있더라고. 정말 굉장한 인물이야.

이번엔 그림은 아니지만 미술과 관련된 또 다른 기법을 소개할까 해. '태피스트리Tapestry'라는 건데 여러 가지 색실로 그림을 짜 넣어 형상을 표현하는 거야. 마치 커다란 만화 한 편을 보는 것 같은 태피스트리가 있어.

사실 태피스트리라기보다는 자수에 가깝지만 사람들은 이 작품을 〈바이외 태피스트리〉라고 불러. 바이외는 프랑스의 도시 이름이야. 이 도시에는 대성당이 있는데 이곳에서 1077년 7월 14일 바이외 태피스트리를 최초로 전시했어. 길이가 70미터가 넘고 넓이도 50센티미터나 되는 작품이야. 여러 그림을 한데 엮어 놓은 것이지. 그것들은 리넨 천 위에 양모실로 수놓았어. 또 헤이스팅스 전투에서 정복왕 윌리엄이 영국군을 이겨 승리한 이야기를 담고 있단다. 헤이스팅스 전투는 1066년 10월 잉글랜드의 헤럴드 2세가 노르망디 공작 윌리엄에게 패배한 전투야.

바로 이 전투에서 노르망디 공작이었던 윌리엄이 만차 지방의 운하를 건너 적을 무찌르고 잉글랜드의 왕이 됐다는 이야기야.

〈바이외 태피스트리〉에는 그 성공적인 원정이 세세하게 표현되어 있어.

나플레옹이 19세기 초 영국을 정복하려고 했을 때 〈바이외 태피스트리〉를 파리로 가져오라고 지시했대. 그리고 반년 동안 파리에 전시해 놨는데, 프랑스 국민이 〈바이외 태피스트리〉를 보고 선조의 업적을 떠올리며 영국을 정복하기 위한 열정을 높이지 않을까 해서였대.

히틀러가 영국을 침략하려고 했던 1940년에도 〈바이외 태피스트리〉와 그 의미를 다시 떠올리게 됐어. 정치적 선전은 미술과는 늘 떼려야 뗄 수 없었단다.

미술가들은 그들이 사는 현실 세계를 그렸어.
최초의 리포터였던 셈이지.
우리가 역사 여행을 할 수 있도록 도와준 사람들이기도 해.
특히 내 관심을 끄는 건 평생 위대한 작품을
즐기도록 해 준 미술 운동이야.

그것은 바로 대성당을 건축하는 일이야.
 1천 년 이후 유럽 전역에서 광적인 건축 붐이 일면서 대성당을 건축하는 일은 13세기에 꽃을 피웠어. 대성당을 짓기 시작했는데, 그야말로 아름다움과 기교의 정수를 보여 주었지.
 다시 한 번 말하지만 미술가들은 서로 겨루는 걸 좋아해. 자신의 작품이 더 크고, 더 높고, 더 대담하길 바라지. 1163년 파리의 노트르담 대성당의 건축이 시작됐고 35미터의 높이를 자랑하는 그 당시 세계에서 가장 높은 아치형 천장이 만들어졌어.
 1220년에 재건된 샤르트르 대성당은 높이가 36미터로 노트르담 대성당을 앞지

> **성 바실리 성당**
>
> 러시아 모스크바의 대공 이반 3세는 몽골을 이긴 기념으로 성바실리 성당을 짓도록 했다. 성당이 완성되자 너무 아름다워 숨도 못 쉴 정도였다. 그런데 건축가에게 상을 주기는커녕, 다른 곳에서 같은 건물을 짓지 못하도록 건축가의 눈을 뽑아 버렸다고 한다.

르게 됐어. 1211년 다시 짓기 시작한 랭스 대성당은 최종 높이가 38미터에 달했어. 이후 1220년에 재건된 아미앵 대성당의 높이는 무려 42미터였지. 1247년 계속 신기록을 세우려는 싸움이 절정에 달했어. 바로 보베 대성당 성단소_{성가를 부르는 곳}의 아치 천장을 48미터 높이로 짓는 프로젝트가 추진된 해였지. 1284년 결국 무너지고 말았지만 말이야.

이러한 경쟁적인 분위기는 작품을 의뢰하는 사람들의 열정때문이기도 했어. 작품으로 유명세를 얻으려고 하는 경우가 있었거든. 한번은 왕실에 대한 자부심이 남달랐던 한 전제 군주가 왕실의 건축가를 죽인 적이 있었어. 그 건축가가 다른 곳에서 더 아름다운 건물을 지을까 봐 막으려고 한 거야.

그만큼 대성당을 건축한다는 건 그들의 상상력과 기교를 놀라운 방식으로 보여 주는 것과 같았어. 그래서 건축가들은 직접 재료를 가져오고, 높은 곳까지 재료를 올리고, 돌을 자를 도구를 개발해야 했어.

지금까지 보존된 그림들 덕분에 우리도 당시 사람들이 어떻게 일을 했는지, 노동자들의 습관은 어떠했고 사용한 기법은 무엇인지 알 수 있는 거란다.

대성당과 관련해서 지금까지도 이어져 오는 미술의 또 다른 역할이 있어. 건축가들은 설계도를 이용해서 실제로 공사를 진행할 일꾼들과 의사소통을 했어.

프랑스의 스트라스부르 대성당의 핵심 부분을 표현한 길이 4미터가 넘는 멋진

스테인드글라스

그림이 아직도 보존돼 있어. 설계도, 지도, 도시 형상 등은 쓸모 있으면서도 아름다운 그림을 대표하지. 세상을 있는 그대로 표현함으로써 인류의 과거를 알 수 있게 해 주거든.

대성당 건축은 빛과 이미지를 이용한 새로운 미술 기법을 만들어 냈어. 바로 스테인드글라스야. 스테인드글라스를 통해 이야기를 재현하거나 빛을 색으로 바꾸기도 했지.

종종 사물을 바라보는 서로 다른 두 가지 방식을 설명하기 위해 스테인드글라스를 예로 들 때가 있어. 그 두 가지란 어떤 감정을 경험

스테인드글라스

색유리를 이어 붙이거나 유리에 색을 칠해 무늬나 그림을 나타낸 장식용 판유리를 말한다. 성당의 창문 장식으로 많이 이용한다.

081

할 때와 그렇지 않을 때를 말해. 자, 단체 관광객들이 스테인드글라스가 있는 유명한 대성당을 방문했다고 생각해 볼래?

그리고 관광객 중 반은 성당 안으로 들어가고 나머지는 밖에서 기다리며 서로 휴대 전화로 연락을 주고받는 거야.

"거기 뭐가 있는데?"

밖에 있는 관광객이 이렇게 물었어. 그럼 안에 있는 관광객은 이렇게 말하겠지.

"창문에 굉장한 게 있어. 말, 꽃, 반짝이는 색 등등. 거긴 어때?"라고 말이야.

그럼 밖에 있는 관광객은 이렇게 말할 거야.

"우리는 회색 유리가 달린 창문밖에 안 보여."

실제로 스테인드글라스의 경우 역광으로 햇빛을 받을 때 내부에서만 색을 볼 수 있거든. 그래서 밖에 있는 사람들이 성당 안으로 들어가야만 스테인드글라스를 제대로 즐길 수 있어. 우리도 흔히 이런 경험을 하곤 해. 누가 무언가에 엄청 열광할 때 도대체 왜 그런 건지 이해가 안 될 때가 있지? 그건 너희가 그 사람의 경험 속에 들어가 보지 못했기 때문이야.

나는 이 책을 통해 너희를 미술의 세계로 초대하

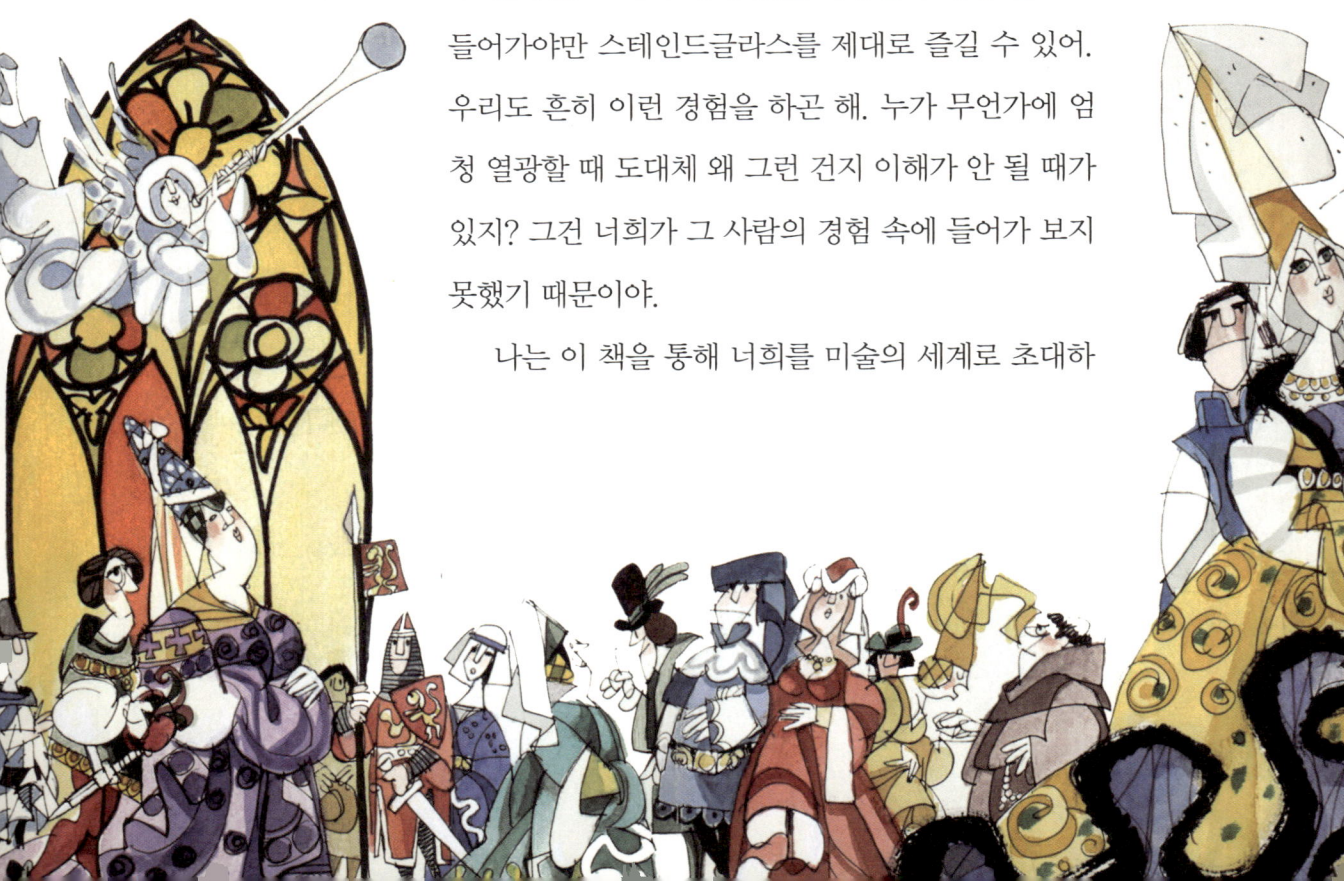

고 싶어. 그 속에서 미술의 우수함을 알게 하고 아름다움과 그 빛을 직접 보게 하고 싶어.

잠깐! 지금까지 한 여행은 어땠어? 갈수록 더 복잡한 문제를 만들어 나간 미술가들의 능력이 놀랍지 않니? 이게 바로 인간의 지능이란 거야. 문제를 해결하는 것뿐만 아니라 자기 자신을 뛰어넘고자 또 다른 문제를 찾는 거지.

미술 작품도 미술가가 제기한 문제에 대한 하나의 해답이라 할 수 있어. 그 해답은 다른 미술가들과 차별성을 갖거나 자신의 솜씨를 완벽하게 만들었고, 또는 어떤 소망을 묘사하는 것이기도 했어.

종종 돈과 명예를 얻는 것이 답일 때도 있었지. 또 아름다운 무언가를 만들 수 있다는 걸 느끼는 것이기도 했어. 새로움을 창조한 사람은 일반인들과 두 가지 면에서 달랐어. '얼마나 중요한 문제를 제기하느냐'와 '얼마나 기발한 방법으로 이를 극복하느냐'지.

수년간 인간의 지능에 대해 연구한 심리학자 로버트 스턴버그 교수는 이렇게 말했어.

"성공하는 사람은 문제가 보일 때까지 기다리는 대신 직접 문제를 찾아 나선다. 그들은 중요한 문제를 구별해 낼 줄 알고 그것을 해결하고자 노력한다."

그러고 보면 미술가들도 성공하는 사람들과 비슷한 것 같아.

11 혁명가 조토

먼 옛날 말을 타고 전속력으로 달렸듯이
우리도 거의 모든 중세 시대를 후다닥 지나온 것 같아.
벌써 13세기가 됐어.
이쯤에서 반드시 가 봐야 할 도시 한 군데를 볼까 해.
도시들은 미술사에서 중요한 역할을 맡아 왔어.

아테네, 크노소스, 폼페이, 로마는 이미 가 봤지? 앞으론 겐트, 베네치아, 암스테르담, 톨레도, 파리, 뉴욕도 가 볼 거야. 하지만 지금은 피렌체에 가야 해. 피렌체는 내가 좋아하는 도시 중의 하나야.

피렌체의 골목을 누비다 갑자기 아름다운 성이나 교회 또는 탑과 마주치는 기분은 정말 근사해. 이건 비밀인데, 내가 피렌체에 처음 갔을 때 그림에서 튀어나온 것 같은 금발의 미녀와 함께 있었거든. 그래서 피렌체가 더 멋져 보였는지도 몰라.

13세기와 14세기 바로 피렌체에서 미술의 역사가 바뀌었어. 피렌체에는 근대 미술의 아버지라 불리는 치마부에 1240-1302와 근대 미술의 진정한 창시자 조토 디 본도네 1267-1337가 살고 있었어.

성 프란체스코

조토는 작품을 통해 사실감을 살리려고 했어. 이상주의를 사실주의로 바꾼 것이지. 그때까지만 하더라도 화가의 이름은 금방 잊히기 일쑤였어. 대개 작품에 서명조차 하지 않았거든. 그런데 이제 미술의 역사는 '미술가의 역사'로 탈바꿈하게 돼. 사람들이 그림을 그린 미술가를 기억하게 되었어.

조토는 인기가 많았어. 같은 지역 출신 사람들은 그와 관련된 일화를 이야기하고 다니며 그를 자랑스러워했어. 사람들은 조토가 어릴 때부터 빼어난 구석이 있었다고 해. 조토가 열한 살 때 시골에서 양을 돌보며 돌 위에 그림을 그리며 노는 게 취미였지. 이미 유명 인사였던 치마부에는 조토의 그림을 보고선 그를 자신의 작업실로 데려가 그림 그리는 법을 가르쳐 주었어.

하루는 조토가 장난삼아 한 초상화 위에 모기를 그려 넣은 적이 있어. 그랬더니 치마부에가 모기를 잡으려고 했대.

조토가 그린 그림 속 인물들은 사실적이고 실제 대상이 된 인물과 매우 닮았어. 그는 우리가 자신의 이야기 속으로 들어가기를 바란 거야. 게다가 여기서 그치지 않고 감동까지 주려고 했지.

조토의 주요 작품은 아니지만 (온전히 그의 작품이라 할 수 있는지도 모르겠지만) 로마 가톨릭의 수도사인 성 프란체스코의 삶을 재현한 아시시의 〈바실리카 벽화〉를 소개할까 해. 아시시의 성 프란체스코는 유럽 인들의 감수성에 큰 영향을 미친 인물이니 알아 두면 좋을 거야. 그는 자연 속에서 신의 모습을 봤다고 해. 그래서 자연을 사랑했어.

　이 때문에 많은 전설이 생겨났는데 그중 성 프란체스코가 동물이나 꽃 또는 물이나 태양과 대화를 나누는 모습을 그린 것이었어. 성 프란체스코는 누구든지 형제라 불렀어. 그리고 형제들을 창조한 신을 찬양했지.

　참, 성 프란체스코는 이탈리아 시의 선구자 중 한 명이기도 한데, 특히 그의 작품 〈태양의 노래〉가 유명하단다.

조토의 〈바실리카 벽화〉

그의 첫 자서전에는 이런 구절이 있지.

"신이 만든 창조물의 아름다움을 계속 감상하고 싶어서 밤에도 불을 끄지 않으려고 했다."

이런 그의 감수성은 많은 예술가에게 영향을 주었어. 화가가 되고 싶어 했던 빼어난 시인 라파엘 알베르티는 성 프란체스코의 찬미가를 인용해 조토에게 바치는 시를 썼어.

> 오, 나의 주여,
> 형제 디자인을 그려 내는
> 연필과 펜에게
> 오, 나의 주여,
> 형제 색과 색들에게,
> 형제 보라,
> 초록, 하양, 빨강, 노랑에게

이렇게 해서 다재다능한 미술가의 전통이 시작됐지. 참, 이런 전통은 그다음 세기에 끝이 나게 돼. 조토는 건축가였어. 조토는 피렌체의 대성당 옆에 '제2의 사탑'이라고 이름 지은 탑을 설계했어. 정교함과 우아함이 일품인 작품이었지. 나도 그 탑 옆에서 행복한 시간을 보냈었어. 날렵하고 다채로운 탑 주변을 몇 번이고 산책하기도 했지. 머릿속으로 떠올리기만 해도 설렌다니까.

시모네 마르티니의 〈수태 고지〉

이제쯤 미술은 또다시 갈림길에 놓이지. 동양, 이집트, 비잔틴의 엄격한 상징화를 따를 것인가, 아니면 현실을 추구할 것인가. 이 둘 사이에서 고민을 한 거지. 쉬운 결정은 아니었어. 당시 이탈리아에서는 가장 아름다운 도시를 가리기 위한 경쟁이 치열했어. 예술가 후원 열기도 만만치 않았어.

시에나는 피렌체의 경쟁자 중 하나였어. 도시들이 예술을 두고 경쟁을 하다니. 근사하지 않니? 축구 경기로 승자를 뽑는 것과 같다고나 할까. 내가 좋아하는 그림 중 하나도 시에나 출신 미술가의 작품이야. 바로 시모네 마르티니1284-1344가 1333년에 그린 〈수태 고지〉야. 천사가 마리아 앞에 나타나 예수, 즉 메시아의 어머니가 될 것이라고 말한 성경의 일부를 묘사한 그림이지. 이 이야기에서 유대 인 처녀였던 마리아는 천사가 나타나자 소스라치게 놀랐다고 해.

특히 내 눈길을 끈 건 시모네 마르티니가 마리아의 소심함을 표현한 방식이었어.

화가들은 가장 표현하기 좋은 몸짓이나 선을 골라내는 재주가 있어. 미술가란 그림 한 점에 엄청난 양의 정보를 담을 수 있는 사람이야. 또 아주 복잡한 내용을 선 몇 개로 설명할 수도 있지.

시모네 마르티니는 그림 속 인물들의 몸짓을 이용해서 그림의 딱딱함을 풀어 주었어. 나는 이것이 강압적인 분위기에서 벗어나고자 하는 화가의 바람을 나타낸 것이라고 생각해. 〈수태 고지〉는 피렌체에 있는 우피치 미술관에 보관돼 있어. 아름다운 미술관 중 하나야.

사람들은 그림을 통해 현실과 그 세세한 면까지 재현해 내는 화가들의 능력을 인정하기 시작했어. 하지만 미술가들은 창조의 유전자를 가지고 태어났잖아? 그

래서 늘 한 발짝 더 나가기 원했고, 좀 더 완벽하게 자연을 알고자 스스로를 채찍질했어.

중세 미술은 이렇게 끝을 향해 가고 있었어. 나중에 설명하겠지만 이때 서서히 르네상스라는 새로운 시대가 열리고 있었지.

내가 언급했던 미술가들은 새로운 방식의 글쓰기, 생각하기, 느끼기 그리고 행동하기에 앞장서고 있던 시인들의 친구였어. 일명 청신체파_{감미롭고 새로운 문체라는 뜻으로 당시 문학 혁명을 주도하던 무리를 일컬음} 시인들이었지. 조토 역시 피렌체 출신의 시인인 단테의 친구였어.

대부분의 역사가는 르네상스가 1400년 무렵에 피렌체에서 시작했다고 주장해. 바로 피렌체에서 여러 예술가가 애씀으로써 이전의 개념들을 깨부수고 새로운 예술을 만들어 낸 거야. 참, 피렌체는 힘이 있는 도시기도 했어. 은행이 처음으로 세워진 곳이거든.

12 화려한 부활, 르네상스

르네상스 '부활'을 뜻함 시대에서는
무엇이 다시 태어나고 있었던 걸까?
바로 북유럽의 침략 이후 잊힌 고대, 그리스, 로마였어.
이 시기의 이탈리아 사람들은 그런 잊힌 문화야말로
완벽함을 나타낸다고 생각했어.

그래서 어떤 시인이나 화가를 칭찬할 때 고대 작품만큼이나 훌륭하다고 표현했지. 이뿐만이 아니었어. 르네상스는 인간, 자유, 개인주의를 찬양한 시대이기도 해. '신의 학문'을 하는 신학자들과는 정반대로 '인간의 학문'을 연구하는 '인문학자'들이 생겨나기 시작했지. 그중 위대한 시인 페트라르카가 단연 선두 주자였어.

미술사에서 그는 매우 중요한 인물이야. 그래서 페트라르카가 프랑스에 있는 방투산을 등정하며 쓴 시에 대해 얘기해 볼까 해. 아마 그때 처음으로 풍경을 '미학적 경험'으로 생각한 게 아닌가 싶어. 그 시에서 페트라르카는 이렇게 말했어.

"로마의 역사가 티토 리비오의 책을 읽고 나서 산에 오르기로 결심했다."

고전으로 돌아가는 것이 르네상스 인문주의의 특징 중 하나였지. 이어서 페트

자, 이제 무엇을 할 것이냐?

라르카는 산을 오르다 장애물을 만났을 때 이를 극복해 내는 인간의 능력에 대해서도 말하고 있어. 바로 르네상스적인 자부심이라 할 수 있단다. 시에 이런 구절이 있어.

꾸준히 노력하면 모든 것을 이겨 낼 수 있다.
원하는 것은 아무것도 아니다.
중요한 것은 무언가 이루고자
그것을 간절하게 바라는 마음이다.

정상에 오른 페트라르카는 자연의 아름다움을 칭송했어. 하지만 곧이어 스스로에 대해 돌아보게 돼. 인간의 정신보다 위대한 것은 없는 법이니까. 르네상스는 세상의 아름다움을 높이 평가하지만 동시에 인간의 위대함을 느끼기도 했단다.

또 다른 인문주의자인 피코 델라 미란돌라는 〈인간의 존엄성에 관한 연설〉이라는 작품을 남겼어. 이를 통해 르네상스 학자들의 높은 가치와 존엄성을 다시 한 번 강조했지. 연설에서 신이 아담에게 이렇게 말했어.

"내가 너를 세상 중앙에 두었으니, 세상에 무엇이 있는지 차분히 네 주변을 둘러보아라. 나는 너를 하늘이나 땅의 존재로, 혹은 언젠가는 죽거나 영원히 죽지 않는 존재로 창조하지 않았다. 이는 네 스스로 창조자가 되어 네가 원하는 방식으로 너를 만들라는 뜻이다. 너는 사나운 짐승 같은 창조물이 될 수도 있다. 또 원하면 신과 같은 창조물이 될 수도 있다."

피코 델라 미란돌라는 스스로에 대한 믿음을 이 한 문장으로 요약하고 있어.

"우리는 우리가 되길 원하는 바로 그것이다."

이러한 힘이 르네상스가 활기에 넘쳤던 비결이란다. 또 자유를 추구하는 이유이기도 하지.

대체 자유가 미술과 무슨 상관이 있을까? 화가는 자유를 추구하고 반복을 거부하며 사람들을 놀라게 하는 걸 좋아해. 탐험가와 여행가처럼 화가도 자신의 능력을 키우고, 한계를 늘리고, 새로운 세상을 발견하고자 한단다.

하지만 '철학적인' 경고를 좀 할까 해. 인생과 예술에서 자유를 얻는 방법은 두 가지가 있어. 첫 번째 방법은 자신의 기량을 올리는 거야. 예를 들어 비행기를 몰 수 있다면 움직임과 관련된 자유가 더 커지지 않겠어? 마찬가지로 예술가들이 점점 더 영민해지고 능숙해질수록 이러한 방식의 자유를 얻을 수 있었어.

자유를 얻는 두 번째 방법은 모든 규범, 전통, 기법 또는 제약을 깨 버리는 거야. 20세기 대부분의 예술가들이 이 방식을 택하게 되지. 이들은 자신의 역량이나 기량을 늘리는 대신 모든 기법과 과거의 관습에 대항했어.

나중에 보게 되겠지만, 이러한 시도는 예술가마다 그 결과가 천차만별이었어. 요약하면 자신의 실력을 다듬어 얻는 자유와 관습에 도전해서 얻게 되는 자유가 있는 셈이야. 개인적으로 두 번째 자유보다 첫 번째 자유가 더 흥미로운 것 같아.

그럼, 이제 좀 더 자세히 보도록 하자. 화가들은 자신의 미적 능력을 키워 예술적으로 자유로워지고 싶어 했어. 하지만 흔히 한 사람에게 집중되던 정치적, 경제적, 종교적 권력에서는 벗어나지 못했지.

부유한 이탈리아의 도시들이 제일 아름다운 도시를 가리기 위한 경쟁을 했다는 얘긴 이미 했지? 르네상스 시대의 피렌체라고 하면 미술사에서 거대한 영향력을 행사한 '메디치' 가문을 빼놓을 수 없어.

메디치가는 은행업으로 유명한 가문이었는데 권력과 예술에 집착했어. 피렌체에 가면 곳곳에서 여섯 개의 둥근 알약에 그려진 메디치가의 문장을 볼 수 있어.

메디치가는 전통적으로 가문의 누군가가 거인과 싸우면 그것을 기념했어. 전투에서 휘두른 무기는 메디치가 문장에 여섯 개의 핏자국을 남겼지. 로마에서도 이 문장을 볼 수 있어. 메디치가의 야망은 정치뿐만 아니라 당시 가장 권위 있는 기관이었던 교황청까지 넘봤어. 그리고 1513년 메디치가 출신의 사람이 교황 레오 10세가 되었어.

    교황 레오 10세는 이후 역사적으로 중요한 결정을 내리게 돼. 그는 돈을 흥청망청 써서 많은 돈이 필요했어. 그래서 신자들에게 돈을 얻어 낼 방법을 고안했지. 바로 면벌부를 만든 거야.

    죄를 지은 사람이 가톨릭교회에 돈을 내면 그 죄를 면해 주는 면벌부를 준 거야. 그러니까 면벌부를 돈을 받고 판 거지. 지옥에 머무는 시간을 줄여 주는 거라고나 할까? 이렇게 해서 가톨릭교회는 부끄러운 거래를 시작했어.

    이를 수치스럽게 여긴 몇몇 성직자들이 반발했지. 그중 독일의 성직자 마틴 루터가 개신교 운동을 시작하게 돼. 미술사는 정치사나 종교사와 떼려야 뗄 수 없는 관계니까 이 운동은 꼭 언급할 필요가 있어.

    교황 레오 10세가 서거하자, 역시 메디치가 출신인 클레멘스 7세가 그의 뒤를 이었어. 당시 스페인은 교황 클레멘스 7세와 전쟁 중이었어. 스페인 국왕 카를로스 1세는 그의 오만함을 견디지 못해 로마를 정복하고 약탈했어. 정말 격렬한 시대였단다.

    이제 다시 피렌체로 돌아갈까? 메디치 가문 최초의 지배자인 코시모 메디치가 1434년 권력을 잡게 돼. 그는 늘 예술가와 철학가들에게 둘러싸여 있었어. 건축도 끊임없이 진행했지. 또 유럽 최초의 공공 도서관을 세우기도 했어.

    도서관 건립에는 건축가 브루넬레스키, 조각가 루카 델라 로비아, 화가 프라

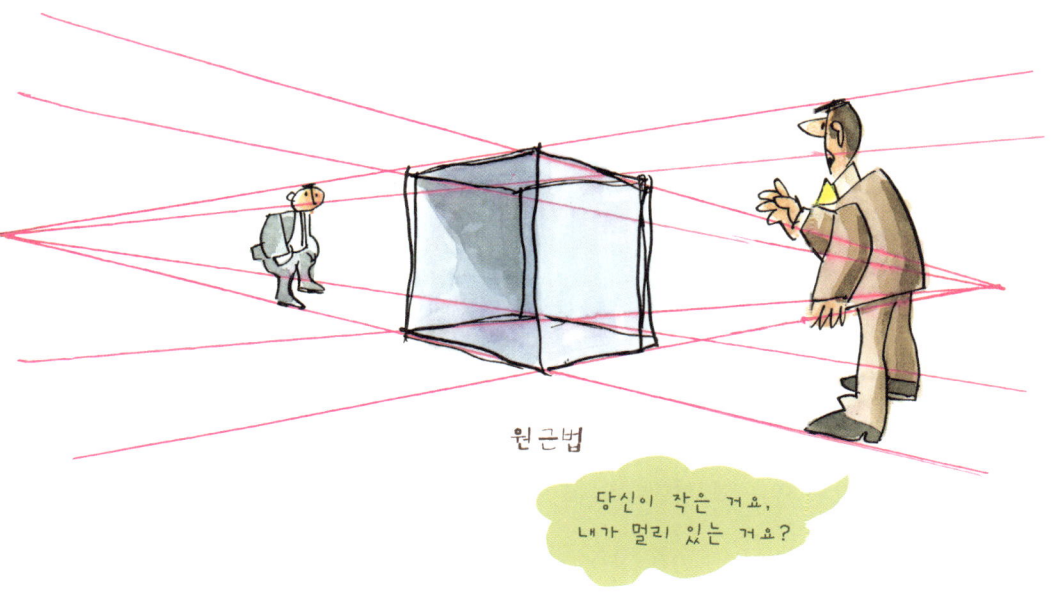

원근법

당신이 작은 거요, 내가 멀리 있는 거요?

안젤리코, 화가 파올로 우첼로가 참여했어. 이들은 당대 최초의 예술가였어. 미술은 원근법을 발견하면서 기법 면에서 큰 발전을 이뤘어.

그때까지만 하더라도 그림이나 벽화에 묘사된 이미지들은 평면적이라 깊이를 느낄 수가 없었어. 조토가 처음으로 원근법을 시도했지만 완벽히 이뤄내진 못했어. 원근법은 과학 그 자체야. 기다란 길 한가운데 서 있다고 생각해 봐. 그러면 보도들이 마치 한 곳으로 모이는 것처럼 점점 서로 가까워지는 것 같을 거야. 깊이를 표현하려면 그렇게 만나는 점의 공간이 어떤가를 생각해야 해. 원근법의 창시자는 건축가이자 화가였던 필리포 브루넬레스키 1377-1446야.

피렌체 예술가들 사이에 경쟁이 치열했다고 이미 몇 번 말했었지? 14세기 말

피렌체에서는 세례당 문에 문양을 조각할 예술가를 뽑는 시합이 벌어졌어.

도나텔로, 자코포 델라 퀘르차, 로렌초 기베르티, 필리포 브루넬레스키와 같은 유명한 예술가들이 시합에 참가했어. 우승은 기베르티1378-1455에게 돌아갔어.

그런데 16년 뒤 기베르티와 브루넬레스키가 피렌체 대성당 두오모의 돔아치형으로 된 지붕이나 천장 건축을 맡기 위한 시합을 다시 벌였어. 그 당시 미술가들은 화가면서 동시에 조각가와 건축가이기도 했거든.

이번엔 브루넬레스키가 이겼단다. 대성당이 이미 지어진 상태였기 때문에 브루넬레스키는 어려운 작업을 해야만 했어. 작업은 이제 돔만 남은 상황이었지. 두오모 대성당은 고딕 양식의 성당이었어. 브루넬레스키는 고딕 건축의 원리를 완벽히 이해하고 있었지만 그 이상의 것을 원했지.

자부심이 강한 피렌체 사람들은 거대한 돔을 원했지만 그것을 어떻게 만들어야 할지 몰랐어. 브루넬레스키는 로마로 가서 로마 유적지를 연구한 다음 고전적인 요소를 이용해 새로운 형태를 만들기로 했어.

이건 한 걸음 더 나아갈 수 있는 좋은 방법이었어. 옛것을 잘 안 뒤 그것을 응용해서 새롭게 바꾸는 것 말이야. 그래서 많은 것을 알아야만 독창적인 것을 만들 수 있는 거란다.

결국 기억력이 좋지 않으면 상상력도 부족할 수밖에 없어. 브루넬레스키는 새롭게 변화하는 미술가들의 선두 주자가 됐어.

브루넬레스키는 처음으로 원근법을 연구한 미술가이기도 해. 물론 미술에 원근법을 최초로 접목시킨 사람은 마사초1401-1428지만 말이야. 마사초는 분명 천재

였을 거야. 28세의 젊은 나이에 세상을 떠났지만 이미 미술에서 혁명을 일으켰었지.

피렌체 사람들이 산타 마리아 노벨라 성당의 푹 파인 벽에 그려진 삼위일체_{성부,} 성자, 성령을 뜻하는 기독교 신론의 핵심 개념 그림을 보고 얼마나 놀랐는지 몰라. 그런데 더 놀라운 건 그 벽도 그림이었다는 거지.

이제 우리는 경이로운 세기에 들어왔어. 미술사에서는 이 시기를 15세기를 뜻하는 이탈리아 어인 '콰트로첸토 quattrocent'라고 불러.

잠깐! 르네상스에서 깨어난 자유에 대한 바람은 참 놀라운 것 같아. 이건 인간의 존엄성과도 관련돼 있어. 너희는 자유가 중요하다고 생각하니? 미술의 거장들은 자신을 이기고 가능성을 넓힌다면 자유를 얻을 수 있다고 믿었어. 무언가를 희생해서라도 자유를 얻을 준비가 되어 있었지.

자유란 단순히 내가 하고 싶은 일을 하는 것이 아니야. 한 뼘 더 발전하기 위한 나만의 계획을 세우고 그것을 실제로 이루어 나가는 거야. 이것이 르네상스 미술가들의 반란이었어. 그들의 가르침이기도 하고 말이야.

13 철쭉의 나라

내 취미는 철쭉 키우기야.
원산지가 아시아인 철쭉은 근사한 꽃나무야.
유럽 최고의 철쭉 재배업자들은 벨기에의
작은 도시 겐트에 몰려 있어. 겐트에서는 4년에 한 번씩
그동안 재배한 아름다운 철쭉을 전시하는 행사가 열려.

나는 전시회에 갈 때마다 대성당에 들러서 정말 감동적이고 중요한 그림 하나를 감상하곤 해.
여행 한 번에 완전히 다른 두 가지 미적 경험을 하는 셈이지. 꽃이 선사하는 자연의 아름다움과 얀 반 에이크 1390(?)-1441의 〈신비한 어린 양에 대한 경배〉, 일명 〈겐트 제단화〉의 예술적 아름다움을 맛보는 거야.
〈겐트 제단화〉는 얀 반 에이크의 형제인 후베르트에 의해 시작됐다고 해. 그런데 후베르트에 대해서는 알려진 바가 거의 없어. 이 그림의 주요 장면은 신약 성서에서 중요한 묵시록의 한 구절을 바탕으로 하고 있어.
내가 한 가지 설명해 줄게. 그림은 그것이 그려진 때의 문화에서 중요한 주제들

에이크의 〈겐트 제단화〉

을 표현한 것이야. 그 주제가 뭔지 모른다면 그림을 이해할 수도 없겠지? 그래서 미술사를 읽는 건 문화사를 읽는 것과 마찬가지지.

그리스 신화를 모르면 고대 미술이나 르네상스 미술을 이해할 수 없어. 또 기독교의 성서인 구약 성서와 신약 성서를 모르고선 중세 미술과 근대 미술을 이해할 수 없단다. 미술은 이런 성서에 담긴 이야기를 묘사하는 경우가 많아.

신약 성서는 나사렛 예수가 주인공인 복음서, 사도들의 편지와 일화, 그리고 요한 묵시록으로 구성돼 있어. 요한 묵시록에는 이런 구절이 있어.

> 그다음에 내가 보니, 아무도 수를 셀 수 없을 만큼 큰 무리가 있었다. 모든 민족과 종족과 백성과 언어권에서 나온 그들은, 희고 긴 겉옷을 입고 손에는 야자나무 가지를 들고서 어좌 앞에 또 어린양 앞에 서 있었다. 큰 소리로 그들이 외쳤다.
> "구원은 어좌에 앉아 계신 우리 하느님과 어린양의 것입니다."

이 구절을 이해하지 않고서는 반 에이크가 표현하고자 했던 바를 이해할 수 없어. 물론 무엇을 의미하는지 정확히 몰라도 미술 작품을 즐길 수는 있어. 추상화가 그렇지.

하지만 미술가가 무언가 이야기하고자 할 때 그것을 제대로 이해하지 못하면 작가의 이야기를 놓치고 마는 거지. 마치 모르는 언어로 만든 영화를 자막 없이 보는 것과 마찬가지야. 흥미를 끌 순 있어도 전부를 이해할 순 없겠지.

〈신비한 어린 양에 대한 경배〉는 그리스도를 빗대서 표현한 거야. 기독교인들

반 에이크

에게 그리스도는 신의 아들이자 구세주지. 신학적인 주제를 다룬 이 작품에는 굉장히 새로운 요소가 들어 있어. 아담과 하와를 나타내는 나체의 두 남녀가 등장하지. 아담과 하와가 누군지 알아? 알 거라고 생각하지만 혹시 모른다면 찾아보도록 해.

얀 반 에이크는 유화 기법을 최초로 만든 화가이기도 해. 기억나니? 내가 앞에서 화가들이 스스로 물감을 만들어야 한다고 이야기한 거 말이야.

파란색은 청금석이라고 하는 보석의 가루로 만들었어. 초록색은 구리, 자주색은 해바라기 씨, 흰색은 독성이 매우 강한 납의 추출물에서 얻는 식이었지. 만약 이때를 배경으로 하는 추리 소설을 쓰고 싶다면 흰색을 꼭 기억하도록 해. 화가가 주인공이라면 말이야.

그런데 그런 물질은 무언가에 녹여야만 사용할 수 있었어. 중세 시대에는 그 무언가가 바로 달걀이었어. 이러한 기법을 '템페라tempera'라고 불렀단다. 유화에서는 기름을 사용해. 미술가들은 마치 '미술 주방'을 보는 것처럼 각자 선호하는 기름이 있었어.

예를 들어 스페인의 화가 벨라스케스는 아주 묽은 기름을 좋아해서 그의 그림에는 캔버스 위에 흘러내리는 기름방울이 보일 정도였어.

유화는 널리 퍼졌어. 화가들이 이 기법을 이용해 놀라운 방식으로 그림을 그릴 거리가 많아졌거든. 예를 들어 여러 색을 섞거나 한 색 위에 다른 색을 겹쳐 칠하고 대상을 더 깊이 있게 표현할 수도 있었지. 유화의 발명만으로도 반 에이크는 역사상 중요한 인물이라고 할 수 있어.

나는 특히 벨기에와 네덜란드 거장들의 그림을 좋아해. 그 섬세함과 정교함, 그리고 일상에서 흔히 보는 대상을 중요하게 표현하려고 한 것이 최고였지.

언젠가 말한 것 같은데, 많은 미술가가 중요한 작품을 만들려면 중요한 대상, 즉 성스러운 존재를 그려야 한다고 생각했어. 하지만 이와 반대로 물컵이나 창문으로 들어오는 빛에서 아름다움을 발견한다고 믿는 이들도 있었어.

같은 시기 브뤼셀에는 로히어르 판 데르 베이던1399-1464이라는 또 다른 위대한 화가가 등장해. 그가 표현한 대상들은 부피감이 있고 조각품 같은 느낌이 들어. 특히 스페인 프라도 박물관이 소장 중인 〈십자가에서 내려지는 그리스도〉를 보면 부활절 행렬 속에 있는 것 같아. 작품이 언제라도 움직일 것 같은 기분도 든단다.

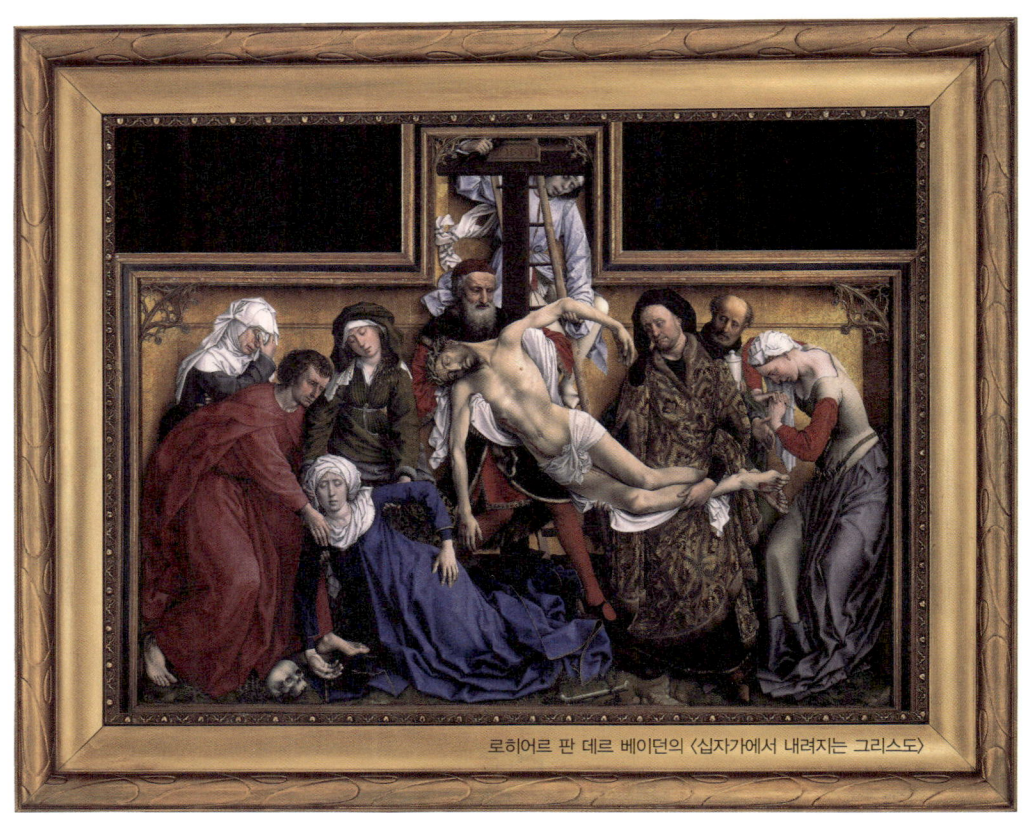

로히어르 판 데르 베이던의 〈십자가에서 내려지는 그리스도〉

플랑드르_{벨기에 서부 중심으로 네덜란드 서부와 프랑스 북부에 걸쳐 있는 지방}와 이탈리아는 미술의 양대 산맥이었어. 두 나라는 매우 가까운 관계였지. 그래서 앞으로도 계속 유럽을 여행하려고 해. 두 거대 예술 왕국을 잇는 하늘 다리를 건너는 기분이 들 거야.

판 데르 베이던은 1449년 이탈리아에 가서 마사초와 프라 안젤리코의 작품을 보게 돼. 또 피에로 델라 프란체스카도 만나게 되지. 자, 그럼 이제 판 데르 베이던과 함께 다시 이탈리아로 가자고!

잠깐! 내가 이 책을 시작할 때 한 얘기 기억나? 시간과 공간을 여행한다고 한 거 말이야. 미술사는 시간과 공간을 모두 여행할 수 있다는 장점이 있어. 문화를 따라 여행하려면 많은 도시를 가 봐야 해. 갑자기 좋은 생각이 떠올랐어! 우리 '문화 여행사'를 차려 보는 건 어때? 고객들한테 이를테면 '선사 시대 미술을 만나 보세요!', '르네상스 둘러보기', '고딕 양식 대성당 체험' 등의 상품을 제공하는 거야!

정말 좋은 생각 같지 않니? 그래서 잠깐, 아주 잠깐, '이쯤에서 여행을 접고 이 사업이나 구상해 볼까' 하는 생각이 들었어. 수입이 꽤 좋을 것 같은데 말이야. 하지만 그게 다가 아니니까 계속 여행을 할 거야.

그렇게 고마워할 것까진 없어. 나도 이 여행을 즐기고 있으니까 말이야.

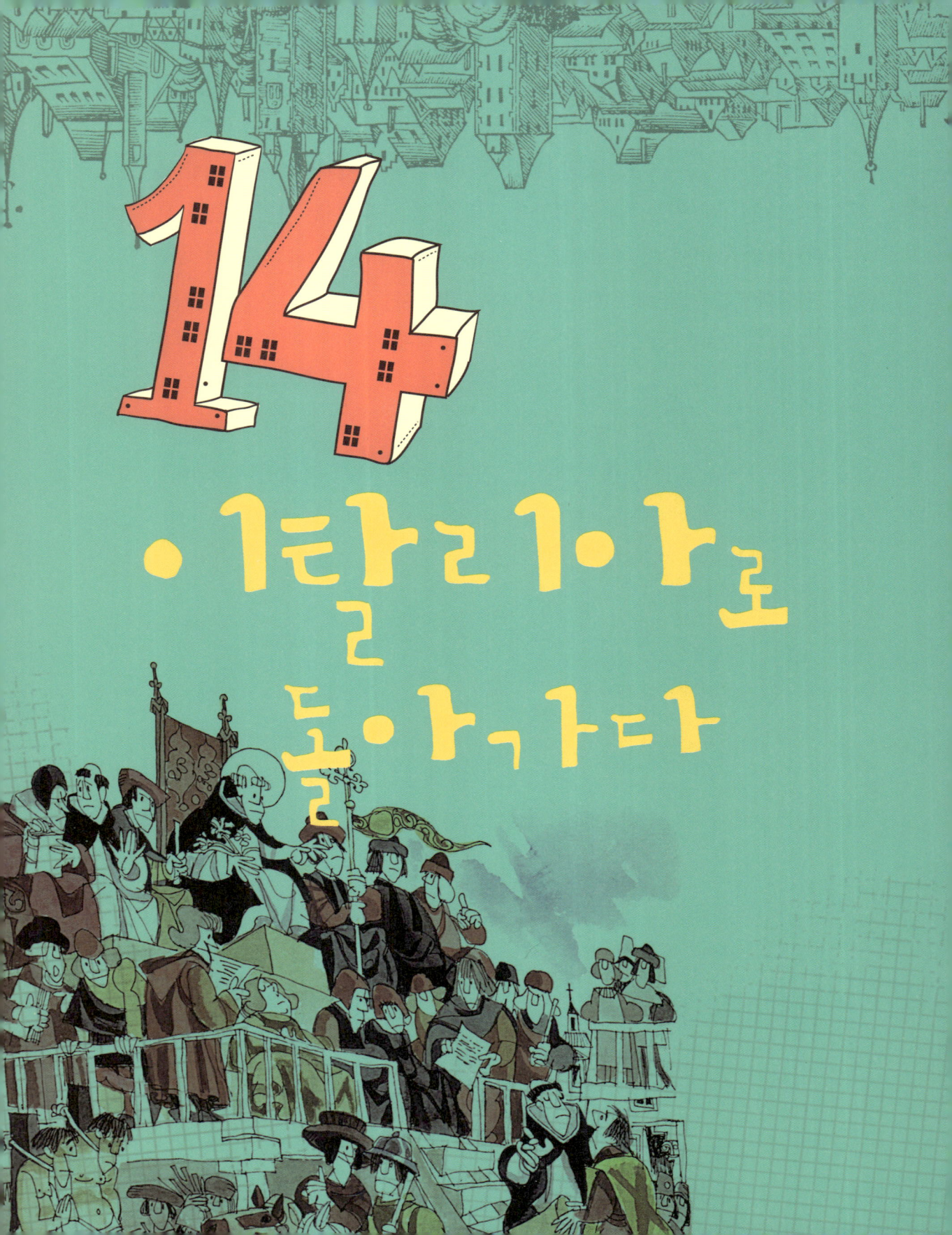

정확히 말하자면 피렌체로 돌아가는 거야.
르네상스 시대의 새로운 미술가들은 옛것과 새것을
합쳐야 하는 문제에 부딪혔어.
혁신가 브루넬레스키가 고딕 양식의 성당에
현대적 돔을 지은 거 다들 기억하지?

이번엔 산 마르코스 수도원으로 갈까 해. 수도사였던 프라 안젤리코 1395(?)-1455가 기독교 미술의 전통 주제에 새로운 회화 기법을 적용한 곳이야. 그의 작품은 세계 곳곳의 미술관에 전시돼 있어.

하지만 나는 프라 안젤리코가 다른 수도사들의 수도실을 장식한 것이 더 인상 깊어. 안젤리코만큼 소박한 예술가도 드물 거야. 언론에 나오거나 전시회를 열어서 그림을 팔아 많은 돈을 벌려는 미술가들과는 달랐지.

안젤리코는 대상에 대한 존경의 표시로 무릎을 꿇고 그림을 그린 것 같았어. 그에게 있어 중요한 것은 자신의 예술이 다른 형제 수도사들의 신앙심을 높이는 데 도움이 되는 거였어. 그래서 마음의 평온을 찾고 싶을 때 나는 안젤리코의 작품을

안젤리코가 그린 산마르코스 성당의 그림

감상하는 걸 즐긴단다.

하지만 피렌체에는 이런 소박한 정신뿐만 아니라 권력을 갖고 싶은 마음도 있었어. 평화에 맞서는 게 전쟁이라면, 프라 안젤리코에 맞선 존재는 전투 화가 파올로 우첼로1397-1475였어. 도시들, 정확히 말하자면 그 군주들은 끊임없이 전투를 벌였어. 유일한 권리가 힘이었지.

"내가 가질 수 있는 모든 것이 내 것이다."

이게 그 당시의 규범이었으니 그 이상의 이유를 댈 필요조차 없었어. 전투에서 이긴 자들은 자신들의 승리를 영원히 남기고 싶어 했지. 내가 고백 하나 할까? 프라 안젤리코와 파올로 우첼로 이 두 미술가를 비교하는 건 좀 그런 것 같아. 완벽한 세계를 그린 작품들만 즐기면 좋겠지만 솔직히 나는 폭력적인 행위를 표현한 그림들도 좋아해.

여기서 다시 한 번 미술의 놀라운 점을 발견하게 되지. 실제로는 아름답지 않은 대상을 아름답게 표현할 수 있다는 것 말이야. 내가 며칠 전에 미국 케임브리지 시에 있는 하버드 대학교에 갔었어. 거기서 앞으로 너희에게 소개할 화가의 그림을 봤어. 앞으로 몇 페이지만 더 넘기면 나온다는 얘기야. 바로 반 고흐가 자신의 낡은 장화를 그린 그림이야.

잠깐! 참 이상한 일이지? 직접 그 낡은 장화를 보는 건 끔찍할 것 같지만 반 고흐가 그린 그림은 정말 좋거든. 내가 이상한 건 아니지? 좋아하는 사람들을 생각해 봐. 모두 잘생기고 예쁘니? 아니야. 하지만 그 사람들에게 애정이 있기 때문에 특별해 보이는 거지.

미술도 마찬가지야. 그림으로 표현하는 모든 대상을 '특별하게' 만들어 준단다. 이 점 꼭 명심하렴! 내 인생에서도 상당히 중요한 가르침이었던 만큼 너희에게도 중요한 가르침이 되었으면 좋겠구나. 이렇듯 미술은 사랑과 마찬가지로 특별한 방식으로 사물을 볼 수 있게 해 줘.

스테인드글라스와 대성당 이야기 전에 너희한테 말했던 게 바로 이거였어.

그런데 파올로 우첼로의 그림들이 놀라운 또 다른 이유가 있어. 그 당시의 전투는 말이 상당히 중요했어. 그런데 말을 주인공으로 한 그의 그림들을 보면 꼭 회전목마 같다는 생각이 들어.

축제 때 쓰였던 회전목마 앞에 서 보면 어떤 각도에서건 말을 볼 수 있다는 걸 알게 될 거야. 말이 오고 있을 때, 말이 우리 앞에 있을 때 또는 말이 멀어질 때도 말이야. 우리의 친구 파올로도 같은 느낌을 받았을 거야. 원근법을 발견하고 흥분

파올로 우첼로의 〈산 로마노의 전투〉

한 나머지 자신의 작품에 이를 최대한 적용하겠다고 결심했거든.

그래서 밤낮 없이 실제 길이보다 물체를 짧게 그려 보고 끊임없이 스스로에게 새로운 문제를 제기했지. 아마 아내가 식사 준비가 다 됐다고 해도 종이에서 고개도 들지 않았을걸. 이렇게 중얼거리는 소리도 들렸지.

"원근법이 이렇게 근사하다니!"

그의 말은 과장이 아니야. 파올로는 평소에 관심을 가지지 않았던 놀라운 일들이 그림을 통해 발견될 수 있다는 걸 깨달았던 거야.

그와는 반대로 피에로 델라 프란체스카1416(?)-1492는 기하학공간 및 공간의 관계를 연구하는 학문의 신비로움 때문에 애를 먹었어. 그는 완벽하고 놀라운 기법으로 작품 속 인물들을 복잡한 건축 무대 위에 담아냈어.

원래 피에로 델라 프란체스카는 피렌체에서 교육을 받았지만 여러 도시에서 작업을 했어. 그런 그를 우르비노의 군주인 페데리코 다 몬테펠트로가 고용했어. 우르비노는 토스카나와 움브리아 사이에 있는 마르케 지방의 언덕에 숨어 있는 작은 마을이었단다.

페데리코와 그의 아내 바티스타 스포르자는 우르비노를 화려한 문예 도시로 변화시켰어. 피에로 델라 프란체스카는 페데리코 부부의 초상화를 그렸어. 그는 항상 페데리코의 옆모습만 그렸어. 페데리코가 어떤 시합 도중 한쪽 눈을 잃은 걸 감추기 위해서였지.

피에로 델라 프란체스카는 화가로서 최악의 일을 겪었어. 타로 장님이 되고 만 거야. 1492년 10월 12일, 신대륙이 발견되던 날 숨을 거두었어. 그 역시 무언가를 발견한 사람이었다는 걸 말해 주는 것만 같았어.

우르비노만 문예 도시로 성장한 것은 아니었어. 여러 작은 도시에서도 예술에 대한 자부심과 인문주의에 대한 열정이 가득했어. 그중 하나가 페라라야. 페라라는 이탈리아 서북부에 있는데 르네상스 시대의 문화 중심지였거든. 에스테 가문은 피에로 델라 프란체스카, 레온 바티스타 알베르티, 로히르 반 데르 바이덴과 같은 많은 예술가를 페라라에 데려왔어.

만투아에서는 곤차가 가문이 1460년 베네치아파의 안드레아 만테냐를 궁에 전속된 궁정 화가로 초빙했어. 안드레아 만테냐는 그 뒤 거의 50년 동안 만투아에 머물면서 만투아를 르네상스파 예술가들의 훌륭한 작업실로 바꾸어 놨어.

그의 그림 중 유명한 작품이 하나가 있어. 그 작품은 신체를 어려운 각도에서

피에로 델라 프란체스카의 〈그리스도의 수난〉

그려 놀라운 방식의 단축법을 보여 준 예지.

당시 예술가들은 권력자의 시종이나 다름없었어. 후원자 덕에 먹고 살았으니 말이야. 그래서 예술가들은 권력가에게 기댈 수밖에 없었어. 하지만 이제 곧 군주들을 뛰어넘고자 하는 예술가들의 반란이 시작돼.

이처럼 작은 문예 도시들이 눈부신 활약을 했어. 하지만 다시 피렌체로 돌아가야 해. 그때는 사람들이 사치 부리는 것을 억누를 고삐가 풀린 시대였어. 밀라노의 공작이 1471년 피렌체를 공식 방문했을 때 그는 말 2천 마리, 짐을 나르는 노새 2백 마리, 개 5천 쌍 그리고 신하 수천 명을 이끌고 나타났어. 코시모 메디치의 뒤를 이어 통풍 환자라는 별명을 가진 그의 아들 '피에로'가 권력을 잡았어.

피에로가 특별히 애정을 쏟은 화가가 있었는데 바로 산드로 보티첼리1445-1510였어.

보티첼리는 훗날 피렌체와 거의 모든 르네상스 시대를 상징하는 인물이 됐지. 혹시 보티첼리의 〈비너스의 탄생〉이라는 작품에 대해 들어 봤니? 그의 그림은 그때까지 미술가들이 그렸던 종교화와는 차원이 달랐어.

나체의 아름다운 여신이 지중해의 반짝이는 빛 아래 바다 위로 나타나는 형상을 그린 그림이야.

산드로 보티첼리의 〈비너스의 탄생〉

산드로 보티첼리의 〈봄〉

참, 보티첼리의 〈봄〉이라는 작품을 꼭 봐. 그림에는 춤을 추는 세 명의 여인, 꽃잎을 던지는 요정, 나무를 바라보는 청년 등이 등장해. 각각의 인물들이 매력적이라 감상만 해도 즐거워.

하지만 화가는 이 그림을 통해 우리에게 무언가를 말하고자 해. 그래서 이 그림은 '알레고리allegory'라고 할 수 있어. 알레고리란 이야기를 통해 어떤 이야기를 전달한다는 뜻이야.

보티첼리가 전하고자 한 이야기는 르네상스 인문주의자들이 말하고자 한 것과 같아. 인간과 세상 간의 조화는 이성, 지능, 아름다움이 잔인한 힘을 이길 때 이루어진다는 거지. 당시 레온 바티스타 알베르티라는 대단한 예술가가 있었어. 그는 예술가로서 가장 큰 도전은 역사나 신화적 그림을 그리는 것이라고 했어. 주제를 잘 선택하려면 지식이 풍부해야 하기 때문이었지.

또 말을 하지 않고 몸짓이나 표현만을 사용해서 이야기를 풀어 나가는 재주도 필요해. 그런데 많은 사람이 예술가란 그림을 손으로 그리는 단순한 작업을 하는 사람이라고 생각했어. 그래서 알베르티는 사람들이 단순하게 생각했던 예술가의 위치를 높이고자 했어.

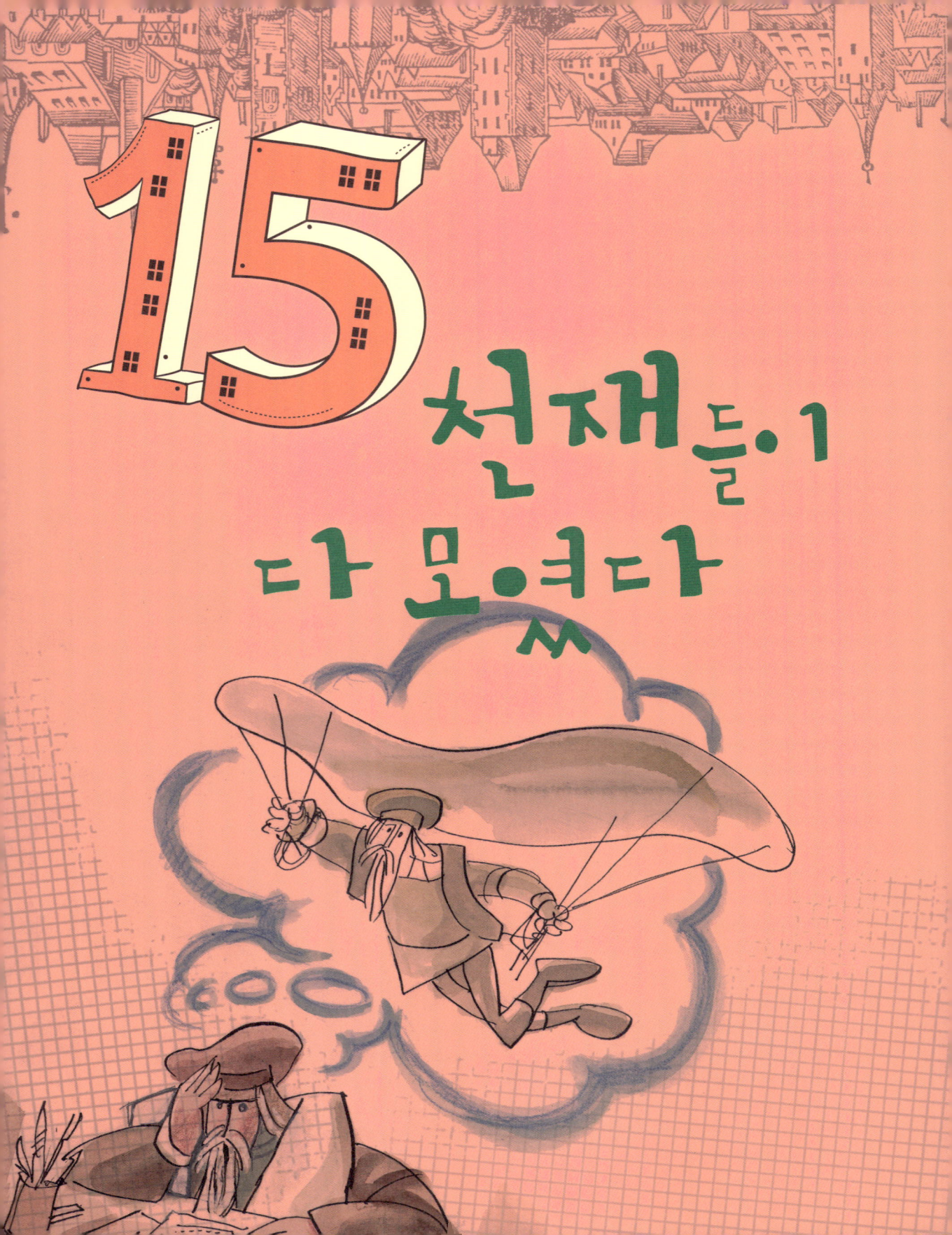

세상에는 온갖 일들이 벌어지고 있었어.
인쇄술이 발명되고, 그리스의 영향이 강한 로마 양식
그레코로만그리스와 로마 문화가 전해졌고, 아메리카 대륙이 발
견됐지. 당연히 아메리카 대륙에서 정복자들은
다른 형태의 미술과 만나게 돼.

인간의 창조에 대한 욕구가 문화권마다 다르게 분출된다는 것이 다시 한 번 증명된 셈이지. 유럽의 15세기와 16세기는 거장 화가들이 찬란하게 꽃을 피운 시기야. 그럼 지금부터 르네상스의 위대한 천재 예술가들을 만나 토자.

우리가 만날 사람은 바로 레오나르도 다빈치, 미켈란젤로, 라파엘로, 티치아노, 히에로니무스 보스, 홀바인이야. 마치 역사의 어떤 시대에 천재 예술가들이 한꺼번에 모여 있었던 것 같은 기분이 들지 않니? 그런데 이게 사실일까? 아니면 그냥 느낌일 뿐일까? 이걸 알아볼 필요가 있을 것 같아. 누구나 그런 천재들이 한꺼번에 모여 사는 시대를 살고 싶어 할 테니까 말이야.

그 당시 거장들이 많았던 이유 중 몇 가지를 추측해 보자. 먼저 미술과 문화의

가치를 높이 평가했기 때문일 수 있어. 이 때문에 여러 도시가 이 분야에서 명성을 얻으려고 경쟁하게 됐지.

두 번째 이유는 자유가 힘을 얻으면서 개척하고, 창작하고, 배우는 것을 부추기는 분위기가 있었다는 거야. 정말 흥미진진한 시대였어.

당시 좌우명이 '결단력 있게 살아라'였어. '결단', 정말 아름다운 단어지? '결단'은 '문제를 해결하다'를 뜻해. 머릿속이 복잡하지 않은 상태로 말이야. 대범함은 이 시대의 트레이드 마크였어.

마지막으로, 예술가들에게 돈을 주고 작품을 부탁할 사람이 많았다는 거야.

새로운 시대 르네상스는 사람들이 생각하고 느끼는 방식을 바꾸어 놓았어. 모든 예술 분야의 창작 방법까지도 말이야. 재미있는 이야기 하나 해 줄까? 그 당시 스페인은 이탈리아에서 아주 강한 힘을 자랑했어.

대사관이나 대사관저가 위치한 땅은 그 건물이 있는 나라의 것이 아니라 건물을 사용하는 나라의 소유지. 따라서 로마에 있는 스페인 대사관 건물과 스페인 대사관저는 스페인 영토에 속하게 돼. 그런데 한 아름다운 언덕 위에 있는 스페인 대사관저의 정원에서 르네상스의 보물 중 하나가 발견된 거야.

바로 도나토 브라만테가 설계한 작은 원형 건축물인 템피에토였어. 이탈리아의 보물인

템피에토(Tempietto)

기독교 성경에 등장하는 예수 그리스도의 제자 베드로가 순교한 장소라고 추정되는 곳으로, 로마 몬토리오의 산피에트로 교회 뜰에 세운 조그만 원형 예배당을 말한다. 르네상스 건축물 가운데 가장 아름다운 건물로 손꼽히는 템피에토는 고전 건축 양식의 단순하면서 세련된 면을 강조한 건축물이다. 스페인의 도나토 브라만테가 설계한 뒤 1502년에 세웠다.

템피에토가 스페인 영토에 있다니! 당시 이탈리아 정부는 템피에토를 되찾으려고 온갖 노력을 했어.

하지만 결국 두 나라는 서로 합의하기로 했어. 템피에토가 비록 스페인의 영토에서 발견됐지만, 예술품은 인류가 공유해야 하는 거잖아. 어떻게 보면 모두의 재산이라 할 수도 있어. 우리 모두 즐길 수만 있다면 주인이 누구건 무슨 상관이야.

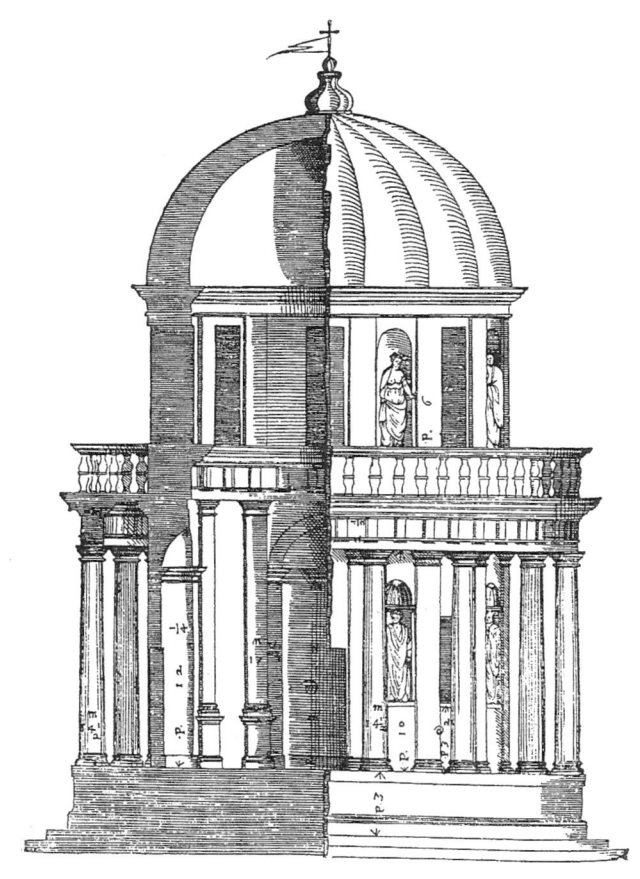

안드레아 팔라디오의 목판화 〈템피에토〉(1570년)

안 그래?

　　다시 피렌체로 돌아와 보자. 미술사에서 '위대한 자'로 불리는 로렌초가 통풍 환자인 피에로의 바통을 이어받았어. 그의 추진력 덕분에 피렌체는 만국의 문화 예술 수도가 되지. 피렌체는 레오나르도 다빈치 1452-1519가 예술을 배운 곳이기도 해. 그의 스승인 베로키오는 파올로 우첼로와 같은 동경과 불편함을 동시에 느끼게 해.

　　파올로 우첼로는 아까 얘기했으니 기억하지? 우첼로는 전투 장면을 기가 막히게 그리는 화가였어. 나는 전쟁은 싫어하지만, 그의 그림은 참 좋아해. 이 경우도 마찬가지야. 베로키오는 바르톨로메오 콜레오니의 조각상을 만들었어. 콜레오니는 돈을 받고 자신의 군대를 이끌고 나가 싸우는 용병이자 사령관이었어. 그는 자신이 하려는 일이 자기에게 좋은 일인지 나쁜 일인지를 잘 따져 보는 사람이었고, 동시에 잔인한 사람이었어. 사실 그래서 나는 그다지 좋아하지 않지만, 그의 조각상은 정말 아름다워.

　　레오나르도 다빈치는 천재였어. 보통 설명할 수 없이 엄청나게 놀라운 재능을 가진 사람을 천재라고 하지. 레오나르도는 화가이자 과학자였고 발명가였어. 모든 재능을 다 갖췄지만 스스로는 화가라고 생각했지.

　　'미술은 모든 지식을 함축하는 것'이라는 신념을 지니고 있었거든. 레오나르도는 자연의 비밀을 발견해 그것을 그리고자 했어. 그가 남긴 글 중에는 이런 구절이 있어.

　　"화가가 자신의 마음에 드는 아름다움을 보고자 한다면 스스로 그것을 만들어야 한다."

레오나르도는 모든 것에 호기심을 가졌어. 인간의 몸이 어떻게 구성되어 있는지 보려고 시체를 해부하는가 하면, 엄마의 품속에 있는 아이의 발달을 관찰하기도 했어.

그 외에도 파도가 어떻게 만들어지는지 연구하고 하늘을 나는 도구를 만들기도 했어. 심지어 전쟁 무기까지 만들었지.

레오나르도 다빈치

레오나르도 다빈치의 〈모나리자〉

레오나르도는 무엇보다 화가라는 직업의 가치를 높이는 데 관심이 많았어. 그러나 오늘날까지 남아 있는 레오나르도의 작품은 거의 없어. 남아 있는 작품 중 〈최후의 만찬〉과 같은 벽화는 보존 상태가 좋지 않단다. 하지만 레오나르도는 미술사에서 가장 유명한 초상화를 그린 장본인이지. 바로 〈모나리자〉라는 신비한 분위기의 여자를 그린 초상화야. 이 작품이 매력적인 이유 중 하나가 레오나르도가 사용한 '스푸마토sfumato'라는 회화 기법 때문이야. '스푸마토'는 '연기처럼 사라지다'라는 뜻을 지닌 단어인데 색을 아주 부드럽게 펴 발라 대상의 선을 구분 짓지 못하게 그리는 방식이야. 주로 색을 좋아하는 화가들이 이 기법을 사용했지.

정말 아름다운 초상화들이 많아. 주인공이 여자인 것도 있고 남자인 것도 있지. 15세기에 가장 아름다운 얼굴이 누구인지 내기해 볼까? 여자 초상화 중에 난 조반니 벨리니가 그린 〈막달라 마리아〉에 한 표! 이 그림 속 젊은 여인은 구릿빛 피부에 공허한 시선을 하고 있어. 또 레오나르도 다빈치의 〈담비를 안고 있는 여인〉도 내가 좋아하는 작품이란다.

내가 몇몇 후보를 골라 놨으니 그 후보들이 누군지 공부하고 나면 투표를 하도록 해!

16 강풍과 미풍

당시 피렌체의 두 번째 거장은
미켈란젤로 부오나로티 1475-1564 였어.
미켈란젤로는 고뇌가 많고 성질이 우락부락한 예술가였어.
위대한 시인이자 건축가이며 조각가, 화가였지.
한마디로 못하는 게 없는 천재였어.

소년 시절에 미켈란젤로는 로렌초가 세운 조각 학교에 다녔어. 로렌초가 미켈란젤로를 처음 본 건 그가 늙은 파우누스 고대 로마의 목신 의 머리를 조각하고 있을 때였어. 미켈란젤로가 묘사한 파우누스는 입을 벌리고 있었고 완벽한 치아를 가지고 있었어. 로렌초는 조각을 하고 있는 미켈란젤로에게 말했어.
"보통 나이가 들면 저렇게 온전한 이를 가지기 어렵단다."
그랬더니 소년 미켈란젤로가 조각상의 이 하나를 빼 버려 더욱 실감 나는 작품을 완성했단다. 그때부터 로렌초는 미켈란젤로를 자식처럼 생각했어. 미켈란젤로는 궁정에 살면서 자신만의 방도 가지게 됐지.
미켈란젤로와 레오나르도는 피렌체에서의 예술적 삶이 무엇인지를 보여 주는

미켈란젤로의 시스티나 천장 벽화

사건의 장본인이기도 해. 피렌체 정부는 이 두 예술가에게 각각 모임실의 벽면에 피렌체 역사를 재현한 그림을 그려 달라고 했어. 시합의 승자가 누가 될지 사람들의 관심이 쏠려 있었지. 꼭 그림 경연 대회를 보는 것 같았어.

하지만 정작 미켈란젤로와 레오나르도는 불만이었어. 충동적인 성격의 레오나르도는 밀라노로 가 버렸고 미켈란젤로 역시 교황 율리우스 2세의 명을 받고 피렌체를 떠나 버렸지. 교황은 미켈란젤로에게 자신의 무덤을 세우도록 했어.

교황의 승인이 떨어지자 미켈란젤로는 채석장에 가서 조각에 필요한 가장 멋진 돌을 골랐어. 조각가의 작업은 대리석에 감춰진 몸을 찾는 것으로 시작하거든. 말년이 되자 미켈란젤로는 여러 개의 노예상을 조각했지만 결국 완성하지 못했어.

그가 만든 조각상을 보면 마치 돌을 뚫고 나올 것 같다니까!

미켈란젤로는 스스로를 조각가 또는 건축가로 생각했어. 자기가 그린 그림은 싫어했지. 그런데 그거 알아? 미켈란젤로의 작품 중에 세계 최고의 걸작이 있다는 사실! 타로 시스티나 예배당 천장화야. 그 규모만 해도 엄청났어.

교황 율리우스 2세가 그에게 작업을 의뢰하자 처음엔 거절했어. 하지만 당시 막강한 권력을 행사하던 교황의 말을 거역한다는 건 어려운 일이었지. 결국엔 제안을 받아들였단다. 미켈란젤로는 조수들과 함께 그 거대한 예배당에 갔어.

그런데 갑자기 조수들을 밖으로 내쫓더니 자신을 제외한 그 누구도 못 들어오게 했어. 척박한 작업 환경 속에서 1506년부터 1512년까지의 기간 중 꼬박 4년이 걸려서 천장화를 그렸어.

물감이 얼굴 위로 떨어지는데도 목재 발판 위에 누워 그림을 그려야 했지. 그 뒤 20년은 그림 한 점 그리지 않았어.

그가 다시 시스티나 예배당으로 간 건 〈최후의 심판〉을 그리기 위해서였어. 이 작품을 완성하는 데 정말 길고 힘든 시간을 보내야 했지. 이 예배당에는 나도 여러 번 가 봤었는데, 늘 방문객으로 북적대더군.

그런데 몇 년 전에 갔을 때 복원 공사 때문에 혼자서 꽤 오랜 시간 예배당에 머무른 적이 있어. 높은 창문으로 들어오는 햇빛이 유일한 조명이었어. 이미 여러 번 봤던 그림도 좋았지만, 예배당 안의 빛, 분위기, 적막함 그리고 그 역사도 무척 인상 깊었어. 마치 거울 속으로 들어간 이상한 나라의 엘리스가 된 기분이었지.

세 번째 천재는 라파엘로 산치오 1483-1520 야. 르네상스 시대 이탈리아 화가로

몬테펠트로가 궁정 근처의 우르비노에서 태어났지. 우르비노는 피에로 델라 프란체스카가 활동한 곳이기도 해. 21세가 되자 라파엘로는 피렌체로 가서 레오나르도와 미켈란젤로를 만나게 돼.

그리고 6년이 지나 교황 율리우스 2세가 그를 로마로 부르게 되지. 율리우스 2세는 성격이 급했고 야심도 많았어. 또 걸핏하면 화를 냈어. 당대 최고의 예술가들을 곁에 두려는 집착도 굉장했지. 라파엘로가 로마에서 교황청의 집무실 벽화를 그리는 동안 미켈란젤로는 시스티나 예배당의 천장화 작업을 하고 있었어. 그렇지만 몸이 약했던 라파엘로는 37세의 나이로 생을 마감했단다.

라파엘로와 같은 시대를 살았던 사람들은 그의 작품 속에 등장하는 대상들의 빼어난 아름다움에 대해서 높게 평가했어.

한 번은 사람들이 라파엘로에게 "어디서 그렇게 아름다운 모델들을 구하시오?"라고 물었어. 그는 이렇게 말했대.

"모델을 보고 그린 것이 아니라 내 머릿속에 있는 '어떤 생각'을 따라서 그린 것뿐이오."

결국 라파엘로가 표현한 아름다움은 실제가 아닌 이상이었던 거지.

레오나르도, 미켈란젤로, 라파엘로는 미술의 거장이야. 같은 시대에 같은 장소에서 살았으며 같은 것을 보았지. 하지만 그림을 그리는 방식은 제각각이었단다.

너희는 '취향'은 뭐라고 생각하니? 누구나 저마다 옷을 입는 '특징'이 있어. 다시 말해 여러 특징 중에 자신의 개성을 드러낼 수 있는 것을 선택한다는 거지.

라파엘로 〈시스티나의 성모〉

우리의 세 명의 미술가는 취향이 아주 좋아. 왜 그러냐고? 음, 좀 어려운 질문이군. 만일 학교 친구가 자신이 그린 과일 바구니 그림을 보여 줬다고 해 봐. 새빨간 사과에 한눈에 알아볼 수 있는 바나나까지 아주 예쁜 그림이지. 그럼 그 친구가 라파엘로만큼 잘 그린다고 할 수 있을까? 그렇다면 왜? 너희가 생각할 동안 미켈란젤토와 라파엘로의 그림을 보러 빨리 로마로 가야겠다.

이탈리아에만 화가가 있었던 건 아니야.
네덜란드에서는 역사상 기이한 미술가로
손꼽히는 히에로니무스 보스 1450-1516가 활동하고 있었어.
그는 아주 특별해서 다른 사람의 그림과
절대 헷갈리지 않을 법한 그림 세계를 보여 주었어.

히에로니무스 보스에 대해서는 알려진 것이 별로 없어. 그는 평범한 시민이었고 한 가정의 좋은 아버지였어. 하지만 그의 작품 세계는 광기와 괴기스러움 그리고 우스꽝스러움으로 특징지어졌어.

그로테스크 괴기한 것, 흉측하고 우스꽝스러운 것을 뜻함 한 동물들, 털이 쭈뼛 서게 하는 장면들, 뻔뻔한 행동들, 폭력, 고문 등이 난무했어. 내가 가장 인상 깊게 봤던 그림은 〈쾌락의 정원〉이야.

지상의 천국, 세상 그리고 지옥을 묘사한 세 폭의 제단화지. 작품 속 대상들은 겹겹이 쌓여 있고 온갖 무거운 죄를 저지르고 있어. 또 서로의 모습에서 자신들의 고통을 발견하기도 하지.

히에로니무스 보스의 〈쾌락의 정원〉

히에로니무스 보스는 바른 사나이였을까? 아니면 뭐든 걸고넘어지며 비꼬기 좋아한 걸까? 그의 작품을 보면 이따금 괴물과 죄악의 묘사로 가득했던 중세 시대의 필사본이 떠올라. 또 다른 작품으로는 〈성 안토니오의 유혹〉이 있어.

성 안토니오는 오로지 명상과 기도만 하는 숨어서 도를 닦는 사람이었는데, 많은 유혹에 시달렸어. 유혹이란 우리가 나쁘다고 생각하는 행동을 하도록 부추기는 어떤 것을 말해.

예를 들어 초콜릿은 다이어트 중인 사람에게 엄청난 유혹이지. 흥미로운 점은 히에로니무스 보스가 그린 유혹은 혐오스러운 동물과 형태로 표현돼 괴기스럽다는 거야. 그래서 내가 그를 아주 이상한 화가라고 했던 거야.

스페인 국왕 펠리페 2세가 히에로니무스 보스를 무척이나 마음에 들어 했어.

그래서 마드리드에 있는 프라도 미술관에 가면 그의 작품을 여러 개 볼 수 있어. 그토록 엄격한 왕이 그렇게 충격적인 그림을 좋아했다는 건 좀 의외지만 말이야.

사실 펠리페 2세에게는 자신만 들어갈 수 있는 미술관이 있었어. 그곳에 사람들한테 보여 주고 싶지 않은 가장 아끼는 예술품들을 보관해 뒀단다.

수집광이었던 일부 왕들 덕분에 현재의 미술관이 있게 되었다고 할 수 있어. 좀 심했다 싶은 수집광이 있었는데 바로 펠리페 2세의 조카인 신성 로마 제국의 황제 루돌프 2세야. 그는 그림, 조각, 금이나 은세공품, 보석, 카메오_{조개껍데기나 산호 등에 조각을 한 장신구}, 도자기, 시계, 갑옷 등 온갖 종류의 예술품을 모으는 데 집착했어. 이러한 집착 때문에 궁정 일을 제대로 돌보지 못해서 결국 동생 마티아스에게 자리를 내주게 돼.

히에로니무스 보스와 같은 시대를 살았던 예술가로는 천재 화가였던 독일의 알브레히트 뒤러_{1471~1528}가 있어. 1450년 요하네스 구텐베르크가 독일 마인츠에서 인쇄술을 발명했어. 같은 책을 수천 권씩 찍어 낼 수 있다는 것 하나만으로 문화적 풍경이 달라졌어.

인쇄술의 등장은 유럽에 지진을 일으킨 것과 같았어. 그때까지만 하더라도 책을 복제하려면 하나하나 베껴 써야만 했어. 그러니 복제본은 대규모 수도원이나 거대 군주들만 가질 수 있었어. 책을 인쇄할 수 있게 됨에 따라 미술도 널리 퍼졌어.

특히 미술의 전파는 수백 권의 책에 찍어 내는 판화를 통해 이루어졌어. 판화는 다양한 기법으로 이루어진 아주 흥미로운 예술이야. 판화를 만드는 가장 쉬운 방법은 목판이나 구리판에 그림을 새기는 거야.

그런 다음 그림을 새긴 판에 잉크를 칠해 종이 등에 찍어 내면 새겨진 그림의 자국이 남게 되는 거지. 도장처럼 말이야.

알브레히트 뒤러는 훌륭한 판화가였어. 그는 섬세한 표현을 좋아했고, 자연을 세밀하게 묘사하는 것도 좋아했어. 그리고 뒤러는 과학적인 화가이기도 했어. 그의 작품에 나타난 식물이나 동물을 보면 어찌나 완벽하고 아름답게 묘사했는지 입이 안 다물어진다니까.

겁없는 사람들

거의 대부분의 화가와 마찬가지로 뒤러 역시 이탈리아의 매력에 끌려 미술가, 현자, 수학자 등을 만나러 갔어. 하지만 뭐든 관심이 있었던 성격 탓에 1528년 결국 죽음을 맞이하게 돼. 그림의 소재로 삼으려고 어느 해변에 죽어 있는 고래를 보러 갔다가 악성 열병에 걸렸기 때문이야.

내가 좋아하는 그의 작품은 한 초원의 별 볼일 없는 풀을 놀랍도록 섬세하게 그려낸 작품이야. 물론 대단한 주제를 다룬 그림이나 비유적으로 표현한 그림, 또는 이탈리아의 웅장한 작품들이 굉장하다는 건 잘 알아. 하지만 나는 소박하고 일상적인 모습을 그린 작품들이 더 마음에 와 닿는 것 같아.

항아리나 주방 도구들을 그린 정물화를 봐도 같은 느낌이 들어. 꼭 "모든 사물에 존재하는 아름다움을 보는 법을 배워라"라고 한 반 고흐의 조언을 듣는 것 같아.

'정확성'은 사실 예술보다는 과학에 더 어울리는 단어지만 뒤러가 추구하는 바를 잘 나타내고 있어. 그는 자신이 그린 초상화들을 '원본을 따라 한 모조품'이라고 말했었지.

뒤러의 작품에는 내 호기심을 자극하는 것이 있어. 내가 알기로 그는 자신의 모습에 많은 관심을 보였던 최초의 화가였어. 실제로 여러 점의 자화상을

뒤러

남기기도 했어. 물론 당시 좋은 거울이 많았기 때문일 수도 있어. 내가 보기엔 뒤러는 자신의 모습이 놀라웠고 인상에 강하게 남았던 것 같아. 자신의 외모나 능력을 자랑스럽게 여기는 것 같기도 했어. 자화상에서 이상한 옷을 입혀 놓고 자신을 뚱뚱하고 못생기게 그린 렘브란트와 비교가 되는 부분이야.

뒤러는 자신의 예술에도 자부심이 대단해서 최초의 예술 '브랜드'를 만들기도 했어. 자신만의 상표를 표시하기 위해 알브레히트Albrecht의 앞글자 'A'를 크게 쓰고 그 아래 뒤러Dürer의 'D'를 겹쳐 쓴 모양의 문양도 만들었지.

하지만 이 문양은 베끼기가 아주 쉬웠어. 결국 뒤러는 자신의 작품과 문양까지 따라 만든 라이몬디라는 베네치아의 화가를 고소했어. 뒤러는 다시는 그런 일이 일어나지 않도록 막시밀리안 황제에게 자신의 저작권을 보호해 달라고 부탁했어.

미술사를 설명하면서 유명한 화가를 모두 소개할 순 없어. 그렇게 하면 이 책이 전화번호부가 되고 말 거야. 이탈리아 출신이 아닌 미술가 중엔 딱 두 명만 언급할게. 한스 홀바인1497-1543과 피테르 브뤼헐이야. 이제 16세기 초 유럽에서 일어난 한 사건에 대해 말할 때가 되었어. 바로 개신교의 등장 말이야.

1517년 아우구스티누스파 성직자인 마틴 루터가 가톨릭교회, 특히 교황청과 교황들 그리고 신학자들의 잘못과 권력 남용에 대항하는 운동을 시작했어. 그는 로마 교회가 사치를 부리며 겉만 번드르르하게 꾸미고 도덕적이지는 못한 것을 혐오했지. 특히 전에도 말한 적이 있는 면벌부를 끔찍이도 싫어했어.

유럽의 몇몇 국가들은 마틴 루터의 교리를 받아들여 따로 교회를 만들었어. 이게 바로 개신교야. 이러한 결정에는 종교적인 문제뿐만 아니라 권력 문제도 영향을 주었어. 독일의 제후들은 황제에게 맞서려고 했고 영국의 왕은 재혼하고 싶어 했어. 앞에서도 설명했는데 현재 기독교는 크게 세 가지의 교리로 나눌 수 있어. 가톨릭, 그리스 정교 그리고 개신교야. 미술로 돌아와서, 자신과 같은 이름의 화가 아들을 가진 루카스 크라나흐는 루터와 그의 부인의 초상화를 그렸어.

개신교 때문에 화가들은 하고 있던 작업을 대부분 그만둬야 했어. 개신교에서는 가톨릭교회의 사치와 교회 안에 걸린 종교화를 싫어했거든. 형상을 예찬하는 것을 으상 숭배라고 생각했지. 이렇게 해서 다시 성상 파괴론자들이 등장했어. 고대 시대보다 그 강도가 약하긴 했지만 말이야. 아버지와 이름이 같은 화가 한스 홀

뒤러의 〈자화상〉

바인은 주로 초상화를 그리다가 영국 왕 헨리 8세의 초청으로 영국으로 넘어갔어.

헨리 8세는 개신교도가 된 이후 로마와 적대 관계를 유지하게 됐어. 홀바인은 헨리 8세의 초상화를 멋지게 그렸어. 풍채 좋고 강인하며 보석으로 치장한 모습으로 말이야. 한편 아들 역시 자신과 같은 이름의 화가인 피테르 브뤼헐은 일상적인 장면을 그리는 화가였어. 농민들이 그의 작품 속 주인공이었지. 이제는 종교적 형상, 신화 이야기 또는 귀족이나 부자들의 초상화를 그려도 되는 때였어.

하지만 브뤼헐은 백성들의 삶을 그림 속에 담았어. 결혼식에서 춤추고 노래하는 사람들, 깔깔 웃는 사람들, 따뜻한 김이 올라오는 스튜를 먹는 사람들이 모두 그의 그림 소재가 됐어. 나는 이런 흥겨운 분위기의 그림을 보는 게 좋더라. 꼭 파티에 초대받은 기분이 들거든.

18 베네치아와 색채

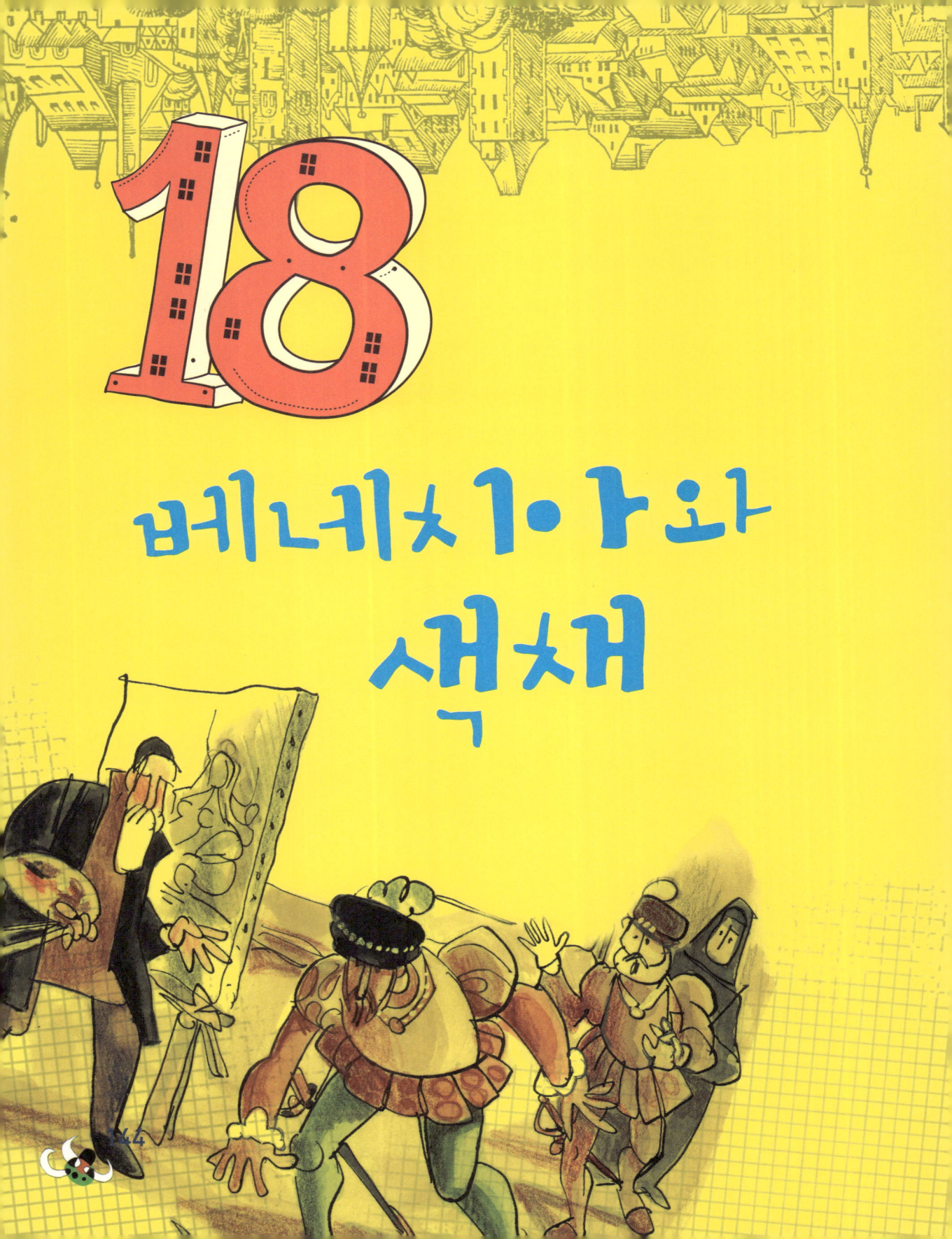

베네치아는 14세기와 15세기 이탈리아의 중요한 도시 중 하나였어. 덕분에 미술사에서도 주인공이 됐지. 피렌체는 베네치아의 경쟁 상대였어. 베네치아의 지지자들은 피렌체 화가들이 그림은 잘 그렸지만 베네치아 화가들에 비해 색에 대한 감각은 부족했다고 말했어.

마치 선이 우선이냐, 색이 우선이냐 하고 겨루는 것 같았어. 피렌체가 선과 관련해 우세했다면, 색은 베네치아가 한 수 위였어. 내가 딱 화가 세 명만 언급할게.

바로 르네상스에서 가장 아름다운 여성의 초상화를 그린 조반니 벨리니 1426(?)-1516, 그리고 두 거장 티치아노 1490(?)-1576와 틴토레토야.

나는 색의 아버지 티치아노의 금빛으로 화사한 그림이 더 마음에 들어. 그는 세계적인

카를 5세

신성 로마 제국 황제이며, 스페인 최초의 국왕으로 카를로스 1세라고도 불린다. 조부와 부모가 정략결혼으로 대제국을 물려받았다. 이를 기반으로 더욱 많은 영토를 정복한, 스페인의 위대한 황제 중 한 명으로 불린다. 허나, 훗날 아들과 동생에게 각각 왕위를 물려주고 수도원에서 생을 마감한다.

티치아노의 〈성모의 승천〉

유행을 선도한 미술가가 됐지. 피에트로 아레티노는 티치아노의 작품을 파는 미술상이었어. 1533년 황제 카를 5세는 티치아노를 궁정 화가로 정하고 왕위에 있는 내내 곁에 두었어.

한번은 티치아노가 붓을 바닥에 떨어뜨렸는데 카를 5세가 직접 주워서 건네줬

티치아노가 떨어뜨린 붓을
주워 주는 황제

다고 해. 황제가 티치아노를 화가로서 얼마나 존경했는지 짐작할 수 있겠지? 한편 1546년 늙고 약해진 미켈란젤로가 그를 만나러 갔어. 미켈란젤로가 보기엔 티치아노가 색을 좀 지나치게 사용하는 것 같았지. 그래서 "베네치아 화가들이 처음부터 제대로 그림 그리는 법을 배우지 않은 것은 죄악이다"라고 말했어.

왜냐고? 미켈란젤로가 스케치를 중시하는 화가였던 반면 티치아노는 색채 주의 화가였으니까!

틴토레토1518-1594는 티치아노와 같은 시대를 살았던 화가였는데 이런 논란의 중재자 역할을 하고자 했어. 그래서 자신의 작업실에 "티치아노의 색채, 미켈란젤로의 스케치"라는 의미심장한 간판을 달았어. 스케치와 색 간의 논쟁은 사는 방식에 대한 논쟁과 같은 거였어.

미켈란젤로는 자기 그림의 구성 요소들 하나하나를 계획해 그린 뒤 색을 넣었어. 하지만 티치아노는 물감으로 가득한 팔레트를 들고 그리기 시작했지. 티치아노는 기분에 따라 그림을 그려. 그리고 이것이 계획이나 다름없어.

틴토레토는 혁신적인 화가로 큰 성공을 거두었어. 하지만 내 눈엔 그의 작품이 너무 차갑고 과장된 것 같았어. 또 틴토레토의 그림 속에서 살아 보고 싶다는 생각이 안 들기도 해. 너희가 보기엔 말도 안 되는 소리 같지만 '이 그림 속에 살고 싶은가'는 내가 그림을 볼 때 중요하게 여기는 부분 중 하나야.

또 다른 베네치아 화가로는 파올로 베로네세로도 알려진 파올로 칼리아리 1528-1588가 있어. 그는 〈최후의 만찬〉을 그리면서 등장인물을 50명 이상 그려 종교 재판소와 문제가 좀 있었어. 보통은 13명을 그렸거든. 워낙 큰 광경을 그리는 걸 좋아해서 그런 건데 종교 재판소는 공격적인 그림이라고 생각했어. 베로네세는 재판소에서 이렇게 말했어.

"우리 화가들도 시인이나 미치광이들이 누리는 것과 똑같은 자유를 원한다."

19

베네치아, 톨레도에 오다

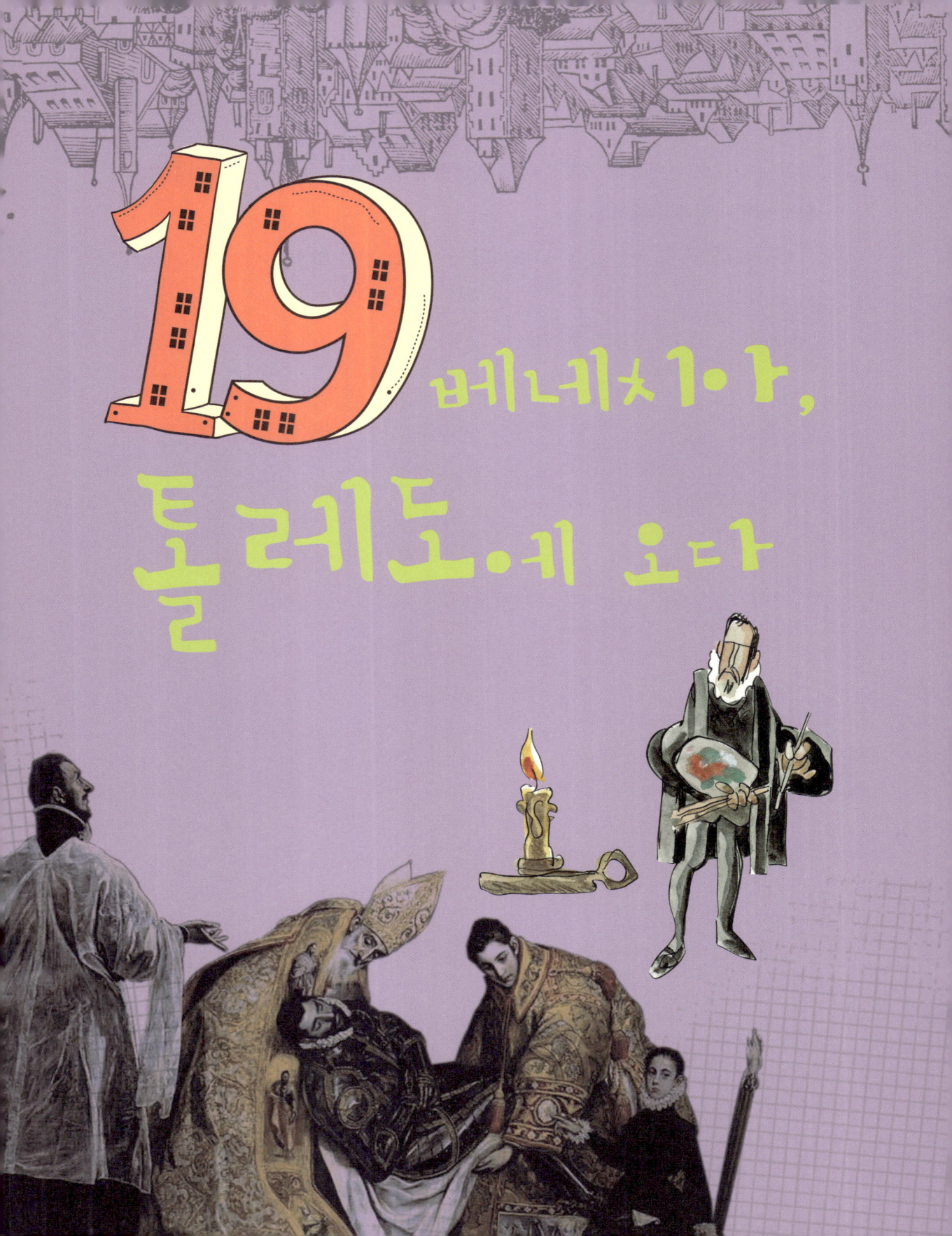

엘 그레코는 유령을 기가 막히게 그리던 화가였어.
내가 그를 좀 알지. 우린 이웃사촌이었어.
무슨 말이냐고? 내가 살고 있던 톨레도의 집이
엘 그레코의 집과 아주 가까웠거든.
그래서 엘 그레코를 한 가족으로 봐도 이상할 게 없어.

사실 그는 친숙한 것과는 영 거리가 멀었어. 참 이상한 일이지. 수백 년 동안 엘 그레코의 그림은 제대로 평가받지 못했어. 도메니코스 테오토코풀로스 1541-1614 엘 그레코의 본명는 당시 베네치아의 지배 아래에 있던 크레타 섬에서 태어났어. 베네치아는 엘 그레코가 화가로서 경력을 쌓으려고 살았던 곳이기도 해.

그곳에서 티치아노와 틴토레토를 만난 뒤 로마로 건너가 미켈란젤로의 작품을 연구했어. 톨레도 에스파냐 마드리드 남쪽의 도시에는 1577년에 왔지.

운 좋게도 톨레도의 이웃인 유명한 지식인이 엘 그레코를 만나는 방법을 내게 알려 주었어. 내가 청소년일 때 알게 된 사람인데 참 많이 좋아했었지. 그 지식인이 누구냐면 바로 위대한 역사가이기도 했던 그레고리오 마라논이야.

엘 그레코가 처음 톨레도에 왔을 때 그레고리오는 그저 그런 화가였어. 그런데 톨레도가 그를 천재화가로 만들었다고 말했어. 엘 그레코의 작품은 의외성과 놀라움이라고 할 수 있어. 완전히 새로운 것을 만들어 내고 지나치다고 할 만큼 거대한 작품을 만들었기 때문이야.

유명한 미술 역사가인 피호안도 이렇게 글을 남겨서 공감을 표현했어.

"톨레도는 베네치아 출신의 어느 평범한 시민을 가장 위대한 거장으로 만드는 기적을 이루었다."

엘 그레코

엘 그레코는 무엇 때문에 스페인에 왔을까? 아마 엘 에스크리알 수도원 건축 공사에 참여하기 위해서였을 거야. 엘 그레코는 마드리드에서 1년 반 정도를 보내고 나서 한 수도원의 그림을 그리러 톨레도로 갔어. 사실 그리 썩 내키는 작업은 아니었을 거야.

계약서를 보면 중간에 포기하고 작업을 다 마치지 못한 채 도망치는 걸 막으려고 엄격한 조건을 달아 놓았거든. 그런데 엘 그레코는 이미 톨레도에서 한 발자국도 안 나갔었어. 왜냐고? 국왕 펠리페 2세의 참모였던 안토니오 페레스가 쓴 글에 의하면 "톨레도는 스페인에서 여자들이 가장 예쁘기로 소문난 도시"였대.

엘 그레코의 그림이 그토록 특별한 이유가 뭘까? 그가 그린 모양들은 달라지거나 바뀌어 있고 몸은 흩날려 보여. 색감도 굉장히 거칠고. 마치 인간이 아닌 유령을 그리려고 한 것 같다니까. 어떤 사람들은 엘 그레코가 시력이 나빠서 그렇게밖에 사물을 볼 수 없었다고도 했어.

마라뇬은 엘 그레코가 톨레도 정신병원의 환자들을 작품의 모델로 삼았다고 주장했지. 또 다른 사람들은 그가 현실을 신비하게 보는 눈이 있어 사물을 그런 식으로 표현했다고 했어.

보통 신비주의자들은 신과 직접 만난 적이 있다고 말해. 당시 스페인은 반종교 개혁이 한창이었어. 종교 재판소에 의해 쫓기던 개신교 신자들이 가톨릭 신비주의자들과 공존하던 때였거든. 기독교가 분리된 이야기는 앞에서 했으니, 기억나지?

한편으로는 엘 그레코가 그리스 정교의 영향을 받았을지도 몰라. 젊은 시절 성상을 그렸거든. 나는 이 부분이 중요한 것 같아. 그리스 정교에서는 신성함을 '내

엘 그레코의 〈오르가스 백작의 장례식〉

면의 불'로 이해했기 때문이야. 그리스의 한 신비주의자는 "사물의 불을 보지 못한단 말인가?"라는 말을 남기기도 했지. 아무튼 엘 그레코는 사람과 사물의 내면의 불을 본 것 같아. 우리 함께 엘 그레코의 톨레도로 여행을 가 보자.

엘 그레코의 그림 속에 묘사된 톨레도는 현실과 달라서 꼭 유령의 도시 같아. 자기가 봤을 때 좋아 보이는 건물이나 다리를 그려 넣기도 했어. 실제론 존재하지도 않는데 말이야.

내가 사는 집 근처에 산토 토메라는 작은 성당이 있어. 그곳에 이 이야기와 관련된 그림이 한 점 걸려 있어. 〈오르가스 백작의 장례식〉이라는 작품인데 내가 어릴 때부터 봐 왔던 그림이야. 그림 하나에 그렇게 많은 이야기가 들어갈 수 있다니 놀라울 따름이지. 이 그림에는 지상과 천상, 천사와 기사, 산 자와 죽은 자 그리고 부활한 자가 등장해. 엘 그레코가 마술을 부려 그림 속 대상들이 공간을 차지하지 않게 한 건 아닐까?

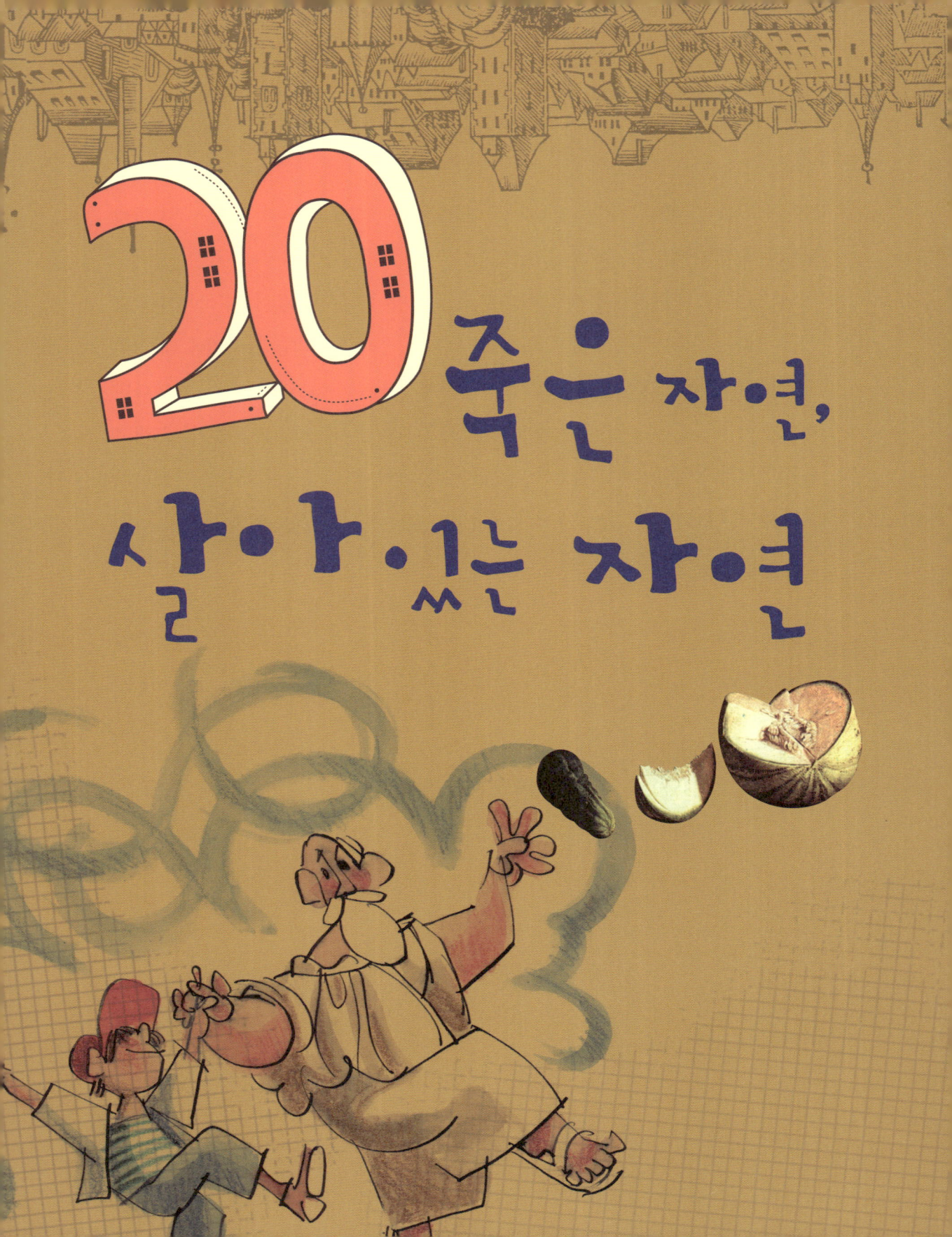

자, 지금까지 본 그림들을 다시 훑어볼까?
프라 안젤리코, 레오나르도 다빈치, 히에로니무스 보스,
라파엘로 또는 엘 그레코의 작품들은 닮은 구석이
하나도 없지? 독창적인 미술가들은 각자의 방식으로
자신만의 특별한 생각을 표현해야 하는 거야.

마찬가지로 우리도 우리만의 살아가는 방식과 스타일을 찾아야 해. 화가이건 아니건 우리 모두 이 과제를 창의적으로 혹은 일상적으로 해결할 수 있어. 미술은 각 화가가 어떤 것은 받아들이고 또 어떤 것은 거부하고, 능력이 되면 새로운 것을 더해가며 완성해나가는 전통과도 같은 거야.

미술가들이 우리에게 주는 교훈이 바로 끊임없이 스스로에게 문제를 제기하고 번뜩이는 아이디어로 이를 해결하고자 노력하라는 거야.

미술은 여러 가지 이유로 변화를 겪게 돼. 변화 이유를 크게 나누면 미술가들의 천재성, 시대 분위기로부터 얻어지는 아이디어, 그리고 작품을 사는 사람들의 취향이라 할 수 있어.

17세기 말 서민적인 것에 대한 기호가 생겨났어. 인간의 행동, 신화 이야기 또는 종교적 형상에 맞서 꽃, 항아리, 채소, 사냥에서 잡은 짐승 등이 흥미로운 주제로 주목받게 된 거야. 개신교는 우상화된 소재를 다루지 못하도록 했어. 그래서 정물화, 생선 가게 또는 물고기 그림들이 성모 마리아와 성자들을 대신하게 된 거야.

네덜란드에서는 영어로 'still-life정물'라고 번역되는 'still-leven'이라는 단어를 만들었는데, '움직이지 않는 생명'을 뜻하는 말이었어. 스페인에서는 '죽은 자연'이라는 단어를 쓰는데 난 이것보다 '움직이지 않는 생명'이 더 마음에 들어.

이 장르의 미술가들에게 감동받은 한 가지는 일상적인 것, 사소한 것을 예술로써 정복하고자 했다는 거야.

20세기 첫 30년 동안 현대 미술에서는 정물화가 큰 인기를 얻었어. 영국 화가 윈덤 루이스는 "그림에 그려진 사과가 우리가 수백 년 동안 먹은 것보다 많겠네!"라고 비아냥거렸을 정도였다니까.

미적 경험이란 무언가를 그 쓸모나 값이 아닌 오로지 모양만 생각하며 감상하는 걸 말해. 이렇게 하면 우리가 매일 본다는 이유

정물화

움직이지 않는 물체를 그린 그림을 말한다. 르네상스 시대 이전에도 정물 그림을 그렸지만, 그때는 다른 작품의 소품 등으로 사용했었다. 그런데 정물이 그림의 주인공이 되고 또 그림의 한 장르로 등장한 것은 르네상스 시대부터다. 르네상스 시대는 앞에서도 설명한 것과 같이 14세기에서 16세기 사이에 일어난 문예 부흥 운동을 말한다.

그런데 16세기에서 17세기에 정물화가 주목을 받은 이유는 주변의 물체를 관찰하고 사실적으로 표현하는 것에 관심이 많아졌고, 예술 작품으로 자기 집을 장식하려는 사람들이 많아졌으며, 종교적으로 초상화보다는 세속적 회화 주제에 관한 요구가 높아졌기 때문이다.

일반적으로 최초의 정물화로 꼽히는 작품은 이탈리아의 화가 자코포 데 바르바리가 1504년에 그린 것이다. 정물화의 '황금시대'는 17세기의 네덜란드에서였다.

로 소홀히 했던 사물들을 보고 다시 생각할 수 있단다. 칠레의 위대한 시인 파블로 네루다는 우리가 소박한 사물의 아름다움을 볼 수 있게 해 주는 많은 시를 남겼지.

네루다의 시는 '단어로 된 정물화'와 같아. 그가 양파를 어떻게 묘사했는지 보렴.

모든 사물의 노래를 들어 봐

양파,

반짝이는 목 긴 유리병,

한 잎 또 한 잎

아름다운 자태,

투명한 비늘이 너를 살찌웠구나.

비밀스런 대지의 어둠 속에서

너의 말간 배가 둥그레졌다

누구나 양파가 유리병 모양을 하고 있는 걸 봤을 거야. 양파가 흙 속에서 자라고, 그 껍질을 하나씩 까면 이슬이 맺힌 것처럼 축축해진다는 것도 알 거야. 하지만 네루다는 우리가 이미 알고 있던 사실을 다시 한 번 생각하도록 만들지. 미술가들의 역할도 마찬가지야.

　산체스 코탄, 수르바란, 반 데르 헤이덴과 같은 정물화의 거장들을 줄줄이 나열할 수도 있지만, 워낙 많아서 지겨워할 것 같아. 대신 그들이 남긴 가르침을 함께 나눌까 해. 이런 화가들은 그림을 그리기 전에 일상적인 것들의 아름다움을 볼 줄 알아. 우리가 깨닫지도 못한 사이 한쪽으로 치워 두고 보지 않은 것들 말이야.

　예를 들어 담벼락 사이에 피어나는 아주 작은 식물들을 생각해 봐. 굉장히 연약해 보이지? 하지만 이 생물이 살아남으려고 기어이 피어오르는 걸 보면 정말 감동

산체스 코탄의 〈모과, 양배추, 멜론, 오이가 있는 정물화〉

적이라니까. 뒤러도 이런 이유로 담쟁이덩굴을 그린 적이 있어. 물이 가득 담긴 평범한 잔을 한번 봐. 이걸 그리려고 하면 잔에 비친 상이 얼마나 다양하고 아름다운지 알게 될 거야.

화가에게는 숨어 있는 보석을 발견하는 재주가 있는 것 같아. 그래서 멋진 그림을 볼 대면 난 늘 흥분한단다. 너희도 이 멋진 감정을 느껴 봤으면 좋겠구나. 내가 너희만 할 때는 미술이 아닌 춤에 대해 그렇게 느꼈지. 음악을 무척이나 좋아했지만 가만히 앉아서 음악을 감상하는 건 시시하게 느꼈어.

좋아하는 노래가 나오면 춤추고 싶다는 생각이 든 적 없니? 이런 감정을 우리의 삶 전체로 넓혀 보면 정말 근사할 거야. 누군가를 좋아할 때는 또 어떻고. 마치 특별한 음악을 듣고 나서 좋아하는 사람과 춤을 추고 싶은 느낌일 거야. 중요한 건 자신의 열정을 행동으로 표현하는 거야.

"모든 사물의 음악을 듣고 춤춰라."

정물화 화가들의 이 조언을 잊지 마! 이들에겐 춤추는 게 곧 그림을 그리는 거겠지?

21 시대의 전환, 바로크

17세기의 미술을 바로크라고 불러.
미술에서 바로크란 르네상스의 조화와
인문주의 사상에서 떨어져 나오는 것을 뜻해.

이러한 사고방식의 변화는 미술에도 나타나. 이제 우리는 현실적이고 감정적이면서 동시에 비관적이고 좀 비틀어진 미술을 만나게 될 거야. 바로크는 빛의 명암 대비를 이용하는 기법이 특징이지. 르네상스 미술 이후에 등장한 철학이 고전적인 미술에 반한 것이라면 이제 그 자리를 신학 분쟁과 반종교 개혁이라는 종교적 투쟁이 대신하게 됐어.

유럽에서는 종교적·정치적 열기가 더 심해지고 있었어. 1571년에서 1610년 사이에 일어난 이러한 변화를 보여 주는 화가 중 한 명이 카라바조로 알려진 미켈란젤로 메리시야. 그는 과하고 거칠면서 따지기 좋아했어. 자신의 그림과 꼭 닮은 모습이었지.

카라바조는 테네브리즘을 이용한 그림을 그렸어. 테네브리즘tenebrism은 그림에 빛과 어둠의 대조를 극명하게 나타내는 기법이야.

테네브리즘

카라바조는 감동을 주고 싶어 했어. 난 로마에서 그의 작품을 본 적이 있어. 성당의 예배당에 〈성 마태의 소명〉이라는 그림이 걸려 있지.

그리스도의 제자 중 하나였던 마태는 세금 징수원이었어. 카라바조는 어두운 선술집 탁자에 둘러앉아 있는 마태와 그의 동료를 묘사했어. 선술집은 두 남자가 들어오자 갑자기 밝아졌어. 모두가 그 두 남자 쪽을 바라봤어.

그중 하나가 그리스도였는데 손가락으로 마태를 지적했지. 카라바조는 자신의 작품에 강렬한 빛을 이용하는 걸 즐겼어. 빛을 통해 그가 강조하고 싶은 장면을 두드러지게 나타낼 수 있었거든.

1606년 카라바조는 공놀이 내기를 하다 시비가 붙어 사람을 죽이게 돼. 살인범으로 쫓기자 로마를 떠나야 했어. 4년 동안 도망자 신세로 이 도시 저 도시를 전전

카라바조의 〈성 마태의 소명〉

하며 살았지. 결국 다시 로마로 돌아가 용서를 구해야겠다고 결심했어. 그러나 가는 길에 말라리아로 죽고 말았어. 그의 나이 39세였어.

카라바조는 그의 그림처럼 빛과 그림자가 가득한 삶을 살았어. 카라바조의 추종자들도 많았는데 그중 스페인 화가 호세 리베라도 있었어.

하지만 테네브리즘만 있던 건 아니었어. 바로크는 궁정 미술이기도 했어. 군주들은 웅장하고 호화로운 그림으로 거대한 궁정을 장식하고 싶어 했지. 이를 위해 주로 신화나 자신의 가문을 치켜세울 수 있는 주제를 선택했어.

카라치 형제와 같은 바로크 미술가들은 빛, 색, 신체 그리고 기상천외한 생명체들이 가득한 거대한 신화를 그렸어. 연극도 미술에 영향을 주었어. 이 때문에 착시 기법이 인기를 끌어서 성당의 돔까지 하늘 그림으로 장식해 실제보다 더 높아 보이게 했어. 왜 요즘도 많은 도시의 거리를 보면 실은 그림인데 마치 진짜 길이나 난간처럼 보이는 속임수들이 있잖아.

그럼 잠시 스페인에 멈춰 볼까? 왜냐고? 꼭 그래야만 하는 이유가 있어. 당시 스페인에서는 해가 지지 않았거든. 자, 이제 스페인 제국 시대로 들어가 보자.

미주 대륙에서 필리핀까지 모두 스페인의 영토였지. 지금의 포르투갈, 네덜란드, 벨기에 그리고 대부분의 이탈리아 영토도 스페인이 지배하고 있었어. 하지만 세상에서 가장 강력한 궁정은 자신의 권력을 그다지 내세우지 않았어.

대신 반종교 개혁 사상의 영향으로 스페인 왕들이 자신들의 욕구나 욕망을 억누르며 살자 유럽의 다른 도시들이 스페인 제국을 슬픈 궁정이라 생각했어.

특히 스페인 안달루시아 지방에는 종교에 관한 주제만 그리는 매우 독실한 미술가가 많았어. 알론소 카노는 수많은 성자의 그림을 그렸고, 수르바란은 프란체스코, 도미니크 또는 헤로니모와 같은 종파에게 의뢰를 받아 많은 작품을 남겼어. 스페인에는 여러 천재 예술가가 모여 있었어. 최고의 극작가 로페 데 베가와 칼데론은 마드리드에서 경쟁했어. 한편 위대한 시인 공고라와 케베도는 서로에게 모욕적인 시를 주고받으며 진정한 문학 전쟁을 벌였어.

세르반테스는 《돈키호테》를 썼지. 스페인의 뛰어난 사상가들도 같은 시대를 살았어. 스페인 왕정은 웅장한 건물이 필요했어. 당시 스페인의 미술은 이탈리아에 비해 테네브리즘이 덜했고 작품의 규모도 더 작았어.

왕들은 곧잘 왕실 초상화를 의뢰했지. 이런 초상화는 유럽의 국가에 보내 스페

인과의 동맹 관계를 다지거나 타지에 사는 가족들에게 안부를 전하거나, 공주들에게 괜찮은 신랑감을 구해 주는 수단으로 쓰였어.

네덜란드의 거장 화가 안토니오 모르의 제자였던 알론소 산체스 코에요는 최초의 궁정 초상화가로 펠리페 2세 왕의 여러 부인과 자식들을 수차례 그렸지.

이제 소개할 사람은 드디어 디에고 벨라스케스1599-1660야. 벨라스케스는 고요함 그 자체야. 그것을 표현하기 위해 알베르티는 "잠시 붓을 놓은 고요한 정오. 완전한 현재. 과거 없는 정오"라는 글을 남기기도 했어. 벨라스케스는 루벤스를 만나게 되고 그의 조언대로 이탈리아에 가서 많은 것을 배우고 오게 돼.

그 당시만 하더라도 다른 화가의 작품을 보려면 직접 만나러 가는 수밖에 없었어. 요즘은 사진 등 복제품이 많아 어디서든 볼 수 있지만, 당시에는 그러한 복제 수단이 없었지. 벨라스케스는 곧장 스페인으로 돌아와 죽을 때까지 궁정 화가로 활동했어. 그리고 그의 초상화들은 기적을 이뤘어.

왕의 바보 같은 얼굴을 흥미롭게 표현했거든. 벨라스케스는 공주들의 초상화도 그렸어. 당시 공주들의 신랑감은 다른 나라에서 찾아야 했어. 그래서 공주들과 결혼하고자 하는 사람들이 청혼할 수 있도록 초상화를 그려 다른 궁정으로 가지고 갔지. 이 모든 걸 화가들이 해야 했어.

사실 그전에 배워야 할 게 많았어. 그런 역할을 하려면 우선 거장의 집에 가서 수습생 생활을 해야 했어.

벨라스케스의 아버지가 프란시스코 파체코스페인의 화가이자 벨라스케스의 스승와 맺은 계약서가 아직도 전해 오고 있어. 계약서는 12살이었던 벨라스케스를 프란시스코

벨라스케스의 〈시녀들〉

의 작업실로 보낸다는 내용이었어. 그렇게 해서 벨라스케스는 그곳에서 살게 됐어. 아마 그가 한 일이라곤 물감과 캔버스를 준비하는 거였을 거야. 그리고 그의 스승은 그림을 가르쳐 주겠노라 약속했지.

나는 마드리드의 프라도 미술관에 가면 친구와 이야기하는 것처럼 벨라스케스의 초상화들과 대화를 나누곤 해. 그의 그림은 난쟁이, 광대, 미치광이 등을 의미 있는 존재로 만들었어. 그와 같은 시대를 살았던 작가 그라시안은 벨라스케스에 대해 이렇게 말했어.

"벨라스케스는 거만한 것을 그렸다. 밑그림도 그리지 않고 붓을 들고 캔버스 위로 뛰어들어 대상이 이끄는 대로 몸을 맡겼다."

그의 작품은 그리 많진 않지만 그중 내가 가장 좋아하는 두 그림을 소개할까 해. 그중 하나를 보려면 먼저 값싼 항공권을 사서 잠시 런던으로 가야 해. 그곳에서 〈거울을 보는 비너스〉라는 작품을 만날 수 있어. 미술사를 통틀어 가장 아름다운 나체화 중 하나지. 다른 그림 역시 거울과 그와 관련된 미스터리가 등장해. 바로 〈시녀들〉이야.

잠깐! 몇 년 전부터 내 작업실에 안토니오 밍고테가 벨라스케스에게 바친 판화를 걸어 두었는데 옆 장의 그림을 참고하도록! 벨라스케스는 거의 대단한 생각을 해 낼 뻔했지만 결국 달성하진 못했어. 영감이 잘 떠오르지 않아 좀 우울해했지.

그 순간 시녀들과 그 주인들, 강아지가 한꺼번에 들어오자 벨라스케스는 재미있는 상황을 포착했어. 그리스의 철학가 헤라클레이토스는 이렇게 글을 남겼어.

"예상치 못한 일은 기다리지 않으면 그것이 찾아와도 알아볼 수 없을 것이다."

벨라스케스도 이 말에 동의했지.

〈시녀들〉은 참 신기한 그림이야. 벨라스케스는 어떻게 이 그림을 그렸을까?

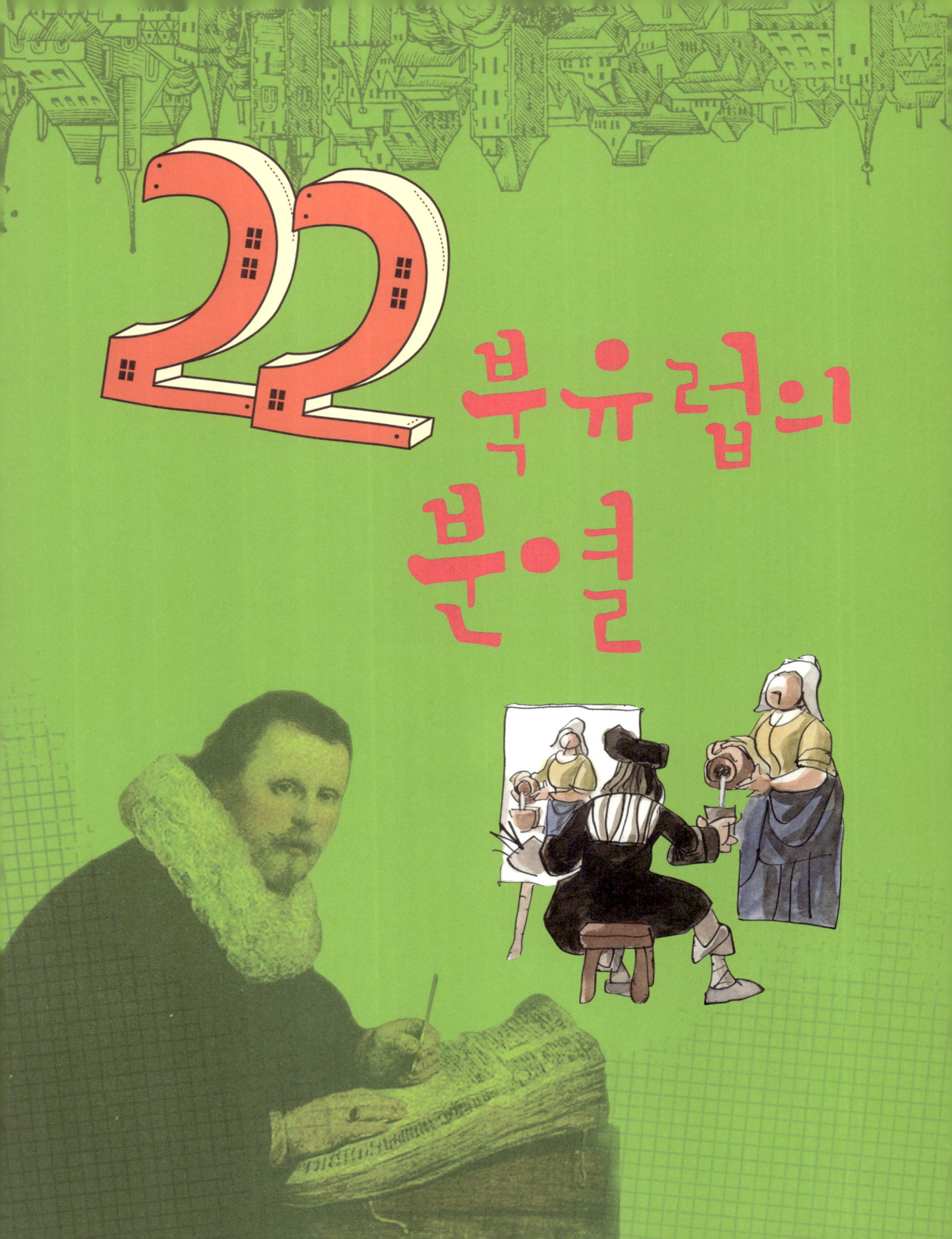
22 북유럽의 분열

다시 북쪽으로 가 볼까?
개신교와 가톨릭의 대립은 점점 더 심해졌어.
종교 간 다툼의 중심에는 정치 문제가 끼어 있었지.
결국 네덜란드는 분열되고 말았어.

북쪽 지역 대부분이 개신교도였던 반면 남쪽 지역의 주민들은 여전히 가톨릭을 믿고 있었어. 개신교도들은 스페인 정부에 맞서 반란을 일으키고 독립을 하게 돼. 한편 가톨릭교도들은 계속 스페인 왕실의 일부로 남았지.

지금의 네덜란드인 북네덜란드는 작은 나라였지만 무역 덕분에 유럽의 강대국으로 우뚝 설 수 있었어. 네덜란드의 미술은 일상생활을 잘 반영하고 있어. 깨끗하게 정돈된 가정, 자신들의 임무를 마무리 지으려고 모인 기사들, 선술집, 흥겨운 잔치 등 말이야. 이제 너희에게 네덜란드의 두 거장 화가 렘브란트 1606-1669와 베르메르 1632-1675에 대해 설명할게.

렘브란트는 정말 대단한 화가였어. 수많은 자화상을 그린 덕분에 그의 모습이 어떻게 변해 왔는지 잘 알 수 있지. 렘브란트가 마지막으로 그린 자화상을 보면 누

렘브란트의 초상화

가 봐도 못생기고 뚱뚱한 남자지만 상냥한 얼굴에 그윽한 눈빛을 하고 있어.

　렘브란트는 판화에도 재능을 보였어. 〈야간 순찰〉은 그의 작품 중 최고라고 일컬어지는 그림이야. 암스테르담에는 독립 전쟁 기간에 만들어진 민병대가 여전히 남아 있었어. 〈야간 순찰〉은 이러한 병사들의 일부를 묘사하고 있어. 렘브란트는 민병대 회의실을 장식할 그림을 그리라는 명령을 받고 작업을 한 거지.

이 그림을 보면 네덜란드의 재미있는 이야기 하나가 떠올라. 나 역시 꽃을 재배하기 때문에 더 관심이 가는 이야기야. 당시 네덜란드에서는 튤립을 재배하는 취미가 싹트고 있었어. 문제는 그 정도가 지나쳤다는 거지. 사람들이 튤립에 투자하기 시작하면서 한 경매장에서는 튤립 구근 두 알이 1,400길더_{과거 네덜란드의 화폐 단위}에 거래되기도 했어. 당시 집 한 채 값에 버금가는 금액이라고 해. 렘브란트가 〈야간 순찰〉을 그린 대가로 받은 금액과 같았지. 네덜란드는 결국 경제적 파산이라는 거대한 짐을 짊어져야 했어. 그 말도 안 되는 경매가 있고 난 다음 날 구근 시장은 점점 그 힘을 잃기 시작했어. 전문 용어로 '튤립의 투기 거품'이라고 하는데 그것이 닥치자 네덜란드 국민의 절반이 쪽박 신세가 되고 말았어.

이제 내가 좋아하는 또 다른 네덜란드 화가를 만나 볼까? 이 화가의 작품을 보려고 전 세계를 돌아다녔지. 그의 그림을 보면 그 속에 살고 싶다는 생각이 든다니까. 그런데 내 주머니 사정을 알았는지 평생 그린 그림 수가 36점밖에 안 돼.

나중에 내가 그림을 얻을 기회가 주어진다면 아마 난 그의 작품 중 하나를 원할 거야. 왜냐하면 하나같이 크기가 작아서 가지고 가기가 쉽거든. 이 화가가 누구냐고? 바로 요하네스 베르메르야. 베르메르는 평생을 아름다운 소도시 델프트에서 보냈어. 내가 무엇 때문에 그의 팬이 됐는지 궁금하지? 베르메르의 그림들은 평온하고 아늑하면서 아기자기해. 그의 섬세한 표현은 혀를 내두를 정도야. 이미 말했지만 네덜란드 미술은 늘 세세한 표현을 사랑했어.

〈진주 귀고리를 한 소녀〉는 베르메르의 아름다운 작품 중 하나야. 같은 제목의 소설과 영화도 만들어졌어. 그림 속 소녀는 파란 터번머리에 둘러 감는 천을 두르고 커다란 진주가 박힌 귀고리를 하고 있어.

　〈진주 귀고리를 한 소녀〉는 헤이그의 마우리츠하이스 미술관에 전시돼 있어. 나도 거기에 여러 번 갔었어. 한번은 베르메르의 작품 하나를 복원하는 작업을 하고 있더라고. 베르메르는 굉장히 꼼꼼한 화가라 특별한 기법을 사용해 작업을 했어.

　과거 미술가들은 원하는 색을 얻으려면 화학에 대해서도 잘 알아야 했어. 앨러

베르메르

베르메르의 〈진주 귀고리를 한 소녀〉

배스터라고 하는 대리석과 석영을 이용해 흰색을 만들었대. 이런 재료들은 빛과 만나면 그림을 굉장히 환하게 만들어 주었지. 캔버스는 또 어떻고. 너희 혹시 그냥 하얀 캔버스에 붓질을 하는 게 그림 그리는 거라고 생각한다면 그건 잘못된 생각이야. 캔버스를 준비하는 것도 매우 중요했어. 배경색이 표면색의 색조를 미세하게 조절해 주거든.

플랑드르로 알려진 남네덜란드의 상황은 북네덜란드와는 완전히 달랐어. 네덜란드의 작은 풍속주의 그림과 소박한 정물화에 맞서 플랑드르에서는 위풍당당한 가톨릭 바로크 미술이 유행하고 있었어.

페테르 파울 루벤스1577-1640는 플랑드르 출신으로 대표적인 바로크 화가 중 하나야. 색채, 빛, 그림자로 가득 찬 거대한 신화 그림으로 유명했지. 그의 작품 주인공은 주로 풍만한 여인이었어. 물론 다른 그림도 그랬지만 말이야. 루벤스는 여행을 많이 다녔는데 외교관 임무를 맡기도 했어. 이건 굉장히 중요한 부분이야. 왜냐고? 외교 업무를 맡는다는 건 그만큼 화가들의 사회적 위치가 높아지고 있다는 증거였으니까.

하지만 이외에도 많은 화가가 있었어. 프란스 할스는 초상화를 잘 그렸는데 안토니오 모르와 반 다이크가 그린 궁정 초상화의 영향을 많이 받았어. 플랑드르의 부유층은 자신의 모습을 영원히 남기고 싶어 했어. 할스는 그들을 혈색이 좋고 자신감 있는 모습으로 표현했어. 이와는 대조적으로 야코프 요르단스는 술을 마시며 춤추고 즐거워하는 평범한 민중의 모습을 그렸어.

이때쯤 미술은 산업이라고 부를 수 있을 정도가 됐어. 안트베르펜과 브뤼셀에는 수습생들이 거장 밑에서 미술을 배우는 작업실이 많았어. 이런 작업실에서 화가가 될 수 있도록 그림을 가르쳐 준 거지. 루벤스의 작업실이 가장 유명했는데 거의 다국적 작업실이었다고 해도 과언이 아니야. 교회나 어느 궁정의 왕세자가 그

에게 그림을 의뢰하면 밑그림만 대충 그려 넣고 나머지는 수습생과 보조들의 몫이 되는 일도 종종 있었어.

    작품이 거의 완성되면 루벤스가 고치면서 마무리 작업을 했지. 권력가들은 영원히 남을 자신의 모습을 그려 달라며 루벤스를 쫓아다녔어. 감히 말하지만 루벤스가 최초로 정치 선전을 만든 게 아닌가 싶어. 그래도 난 루벤스가 좋아. 그건 인정한다고.

23 파리의 등장

파리는 미술사에 등장한 이후 쭉 자리를 지킨 도시야.
반드시 가 봐야 할 곳이기도 해.
센 강을 지날 땐 꼭 내 생각도 해야 해!
노트르담 성당도 꼭 가 봐. 참, 루브르나 오르세와 같은
근사한 미술관도 빼놓으면 안 되겠지?

그리고 마르모탕 미술관이라고 규모도 작고 잘 알려지지 않은 곳이 있는데 여기도 추천할게.

그건 그렇고 스페인의 바로크 미술은 이전보다 더 엄격해졌어. 벨라스케스는 슬픈 궁정 가족의 초상화를 그렸지. 무리요는 종교화를, 수르바란은 수도사를, 그리고 리베라는 순교자들을 대상으로 한 테네브리즘적 그림을 그렸어.

반면 프랑스는 가볍고 즐기기 좋아하는 궁중 사람들을 위해 쾌활한 미술을 만들어 냈어. 장 앙투안느 와토 1684-1721가 우아한 그림 시대의 시작을 알렸지.

그는 춤, 연애, 정원에서의 놀이, 가면무도회, 연극 공연, 이교도적이고 귀족적인 분위기 속의 선정적인 장난 등 가벼운 주제를 다뤘어. 특히 루이 15세 때에는

> **로코코(Rococo)**
>
> 18세기 프랑스에서 생겨난 예술 형식을 말한다. 좁은 의미에서 로코코란 루이 15세 시대(1730년 - 1750년)에 유행하던 프랑스 특유의 건축 내부 장식, 미술, 생활용품의 장식적인 양식을 의미한다. 후에 이 국한된 의미를 벗어나 예술사를 연구하는 이들 사이에서 후기 바로크를 이어주는 건축과 서양 미술의 한 예술 양식으로 쓰이기 시작했다. 그러나 엄밀한 의미에서 로코코는 바로크나 르네상스처럼 한 시대를 대표하는 사조라고 볼 수 없다. 왜냐하면 18세기는 로코코뿐만 아니라 바로크, 고전주의, 낭만주의가 병존하는 시대이며, 이 시기에 유행하고 나타난 예술 양식들은 서로 간에 영향을 주고받는 관계였기 때문이다.

궁정의 지지에 힘입어 선정적인 미술이 인기를 끌었어. 그래서 더 자극적인 여성의 나체화가 그려졌지.

이러한 양식을 로코코라고 부르는데 이것을 대표하는 두 미술가가 있어.

그중 하나는 프랑수아 부세 1703-1770로 루이 15세의 정부였던 마담 퐁파두르가 그의 단골 고객이었어. 퐁파두르는 18세기 중반의 예술적 유행을 이끌어 가던 인물로 야심이 많고 미술품을 수집하기 좋아했어. 다른 미술가는 장 오노레 프라고나르 1732-1806야. 그는 자신의 그림을 통해 귀족 연회의 가볍고 열광적인 세계를 표현했어.

영국도 미술에서 뛰어났지만 그 양식이 완전히 달랐어. 장르도 완전히 새로웠지. 이 새로운 장르를 만든 장본인인 윌리엄 호가스 1697-1764는 타락한 귀족, 탐욕스러운 성직자, 잔인한 병사 등 모든 사회 계층의 풍속을 신랄하게 비판했어. 그는 스타일이 좋은 만화 같은 그림도 그렸는데 여러 그림 속에 하나의 이야기를 담은 형태였어.

〈탕아의 편력〉이 그 예야. 청년 톰 레이크웰의 이야기를 담은 이 작품은 모두 여덟 점의 그림으로 이루어졌어. 첫 번째 그림은 톰이 구두쇠 아버지로부터 재산을 물려받는 장면을 묘사하고 있어. 이 그림에는 대비되는 요소가 많아. 우선 재단사가 새로운 부자 톰에게 옷을 만들어 주기 위해 치수를 재고 있어.

문 쪽에는 임신한 톰의 청혼녀인 사라영이 어머니와 함께 나타나. 하지만 톰은 부자의 역할에 충실하듯 동전 몇 푼을 위로금이라고 건네지. 이 작품의 마지막 그림에는 이 탕아가 자신의 지나친 행동으로 결국 정신 병원에 가게 되는 장면이 나오거든.

그러고 보니 호가스는 아름다움에 관한 흥미로운 책을 한 권 썼어. 그는 이 책에서 '곡선은 언제나 직선보다 아름답다'라는 주장을 했지. 너희 생각은 어때?

조슈아 레이놀즈 1723-1792도 대표적인 영국 화가야. 그 역시 미술이 교육적이어야 한다고 생각했어. 하지만 호가스와 달리 교육적이려면 웅장하고 엄숙한 주제를 표현해야 한다고 주장했어.

레이놀즈는 "진정한 화가란 사람들을 섬세하고 정교하게 모방해서 그들을 즐겁게 하려고 하는 것보다는, 모방을 고쳐서 좀 더 좋게 만들기 위해 노력해야 한다"라는 글을 남겼어.

미술가들은 그림을 그리는 것이 단순히 손으로 하는 작업만이 아니라는 걸 보여 주기 위해 많은 노력을 해야 했어. 그래서 많은 지식이 필요한 주제를 다룸으로써 자신이 하는 일의 중요성을 강조하고자 했어.

"초상화나 풍경화를 그릴 때는 기교만 있어도 되겠지만 신화를 그리기 위해선 뛰어난 지식과 상상력이 요구된다."

그러나 레이놀즈는 거의 초상화만 그려야 했어. 의뢰받은 그림이 초상화뿐이었거든.

그럼 이탈리아는 어땠을까? 우리는 지금 지식에 대한 열기로 가득한 18세기에 와 있어. 사람들은 다른 곳의 문화를 알기 위해 더 자주 여행을 떠났지.

귀족과 예술가들은 유럽 전역을 돌아다니며 때로는 몇 년이 걸리기도 하는 긴 여행을 했어. 영국, 프랑스, 독일 사람들은 주로 이탈리아에 갔지. 이탈리아는 늘 인기 많은 관광지였지만 이번엔 좀 달랐어. 예전에는 주로 새로운 소식을 알기 위해 창의성이 뛰어난 이탈리아에 갔었어. 하지만 이제는 화려했으나 사라진 과거를 만나러 가는 거였지. 영국, 독일 그리고 프랑스는 짧은 기간 안에 산업화가 된 부유한 나라였던 반면 이탈리아는 여전히 농업국이었거든.

여행객들은 많은 예술품을 샀고 망한 귀족들은 자신의 수집품을 팔았어.

베네치아만이 과거의 명성을 겨우 유지하고 있었어. 1770년까지 베네치아는 파리와 함께 유럽 문화의 수도라 불렸어. 두 미술가가 특히 두드러졌는데 바로 지오반니 바티스타 티에폴로1696-1770와 카날레토1697-1768였어. 이 둘은 서로 매우 달랐어.

티에폴로는 신을 숭배하는 내용을 주제로 하는 대형 그림을 주로 그렸어. 캔버스, 천장, 벽 할 것 없이 뭐든 크게 그렸지. 그는 으리으리한 궁궐과 거대한 성당 안을 누비고 다녔어. 티에폴로의 작품은 빛과 신비한 요소가 가득 담겨 있었는데 동시에 종교적이면서 이야기가 있는 그림이었단다.

반면, 카날레토는 서민들의 풍경을 그림 속에 섬세하게 담아냈어. 그가 그린 베네치아의 풍경은 관광객들에게는 값비싼 기념품이 되었고, 다른 나라로 수출하는 작품이 되었어. 베네치아 주재 영국 영사였던 스미스는 카날레토에게 수십 점의 그림을 의뢰했어. 이후 조지 3세 왕이 그의 작품을 한꺼번에 사들이면서 영국 수집가들 사이에서 카날레토의 인기가 높이 치솟게 됐단다.

어서 카날레토에게 가서 알려. 아마 관심 있어 할 거야.

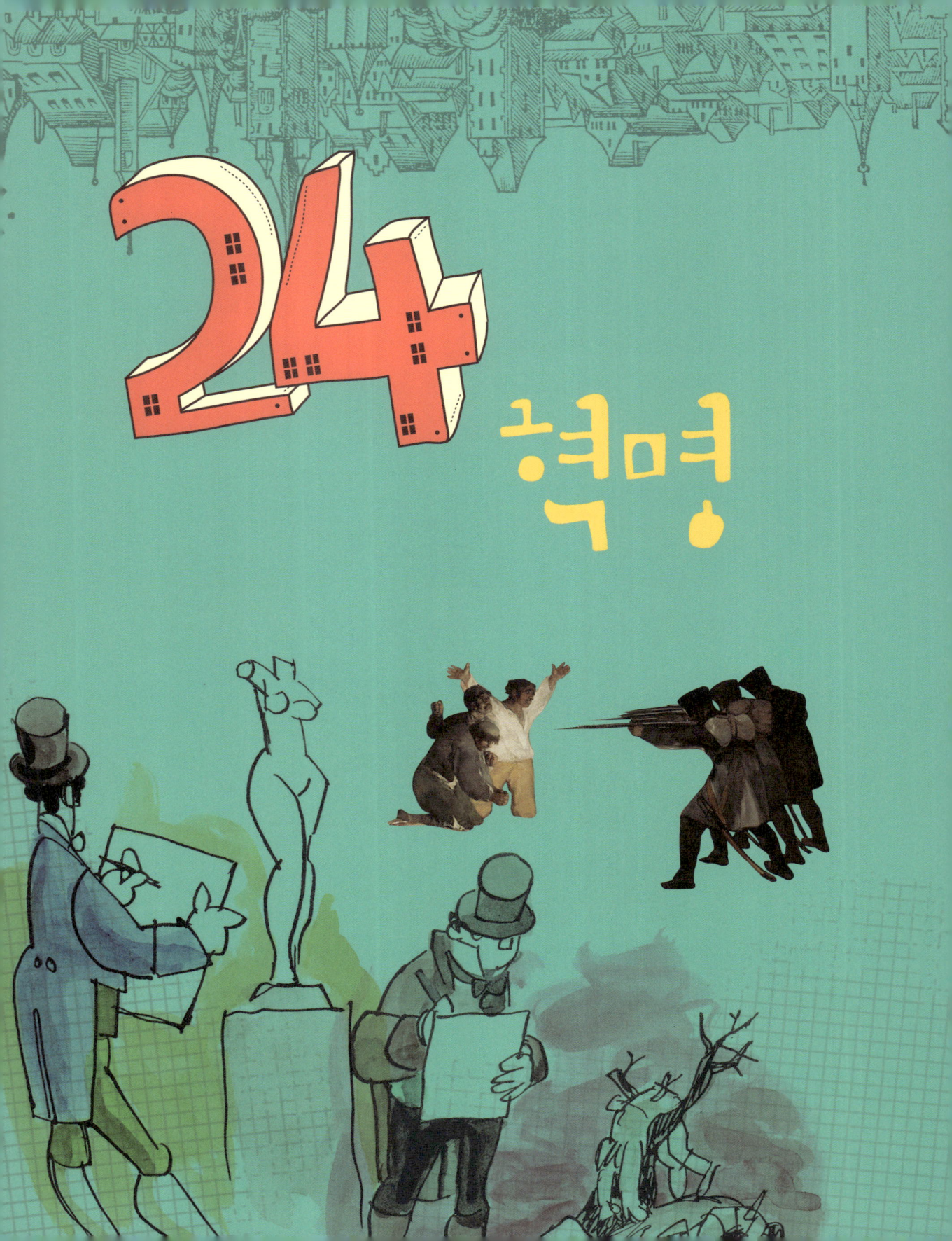

18세기 말 근대 세계는 두 개의 혁명으로 시작하게 돼.
영국에서 독립을 시도한 미국 혁명1776과 프랑스가
절대 왕정에서 벗어나고자 한 프랑스 혁명1789이지.
둘 다 민주주의적인 혁명이었어.
모두에게 이익을 주었다는 말이야.

프랑스 혁명가들은 자신들이 새로운 세상을 열어가고 있다고 믿었어. 의복, 1월부터 12월까지 각 달을 나타내는 이름, 제도 등을 바꾸었지.

미술도 이러한 시대의 흐름을 반영해야 했어. 혁명의 주인공 중 하나인 마라가 자신의 욕실에서 한 여성에게 죽임을 당하자 자크 루이 다비드1748-1825는 그림 속에서 마라를 스스로의 명분을 위해 희생한 순교자처럼 묘사했어.

혁명 이후 나폴레옹 보나파르트가 프랑스를 지배하게 됐어. 나폴레옹은 세상을 계속 변화시키기 위해 먼저 유럽 전체를 정복해야 했어. 나폴레옹은 과거의 왕들이 그랬던 것처럼 미술을 정치 선전에 이용했어.

그는 자신의 위대함과 자신의 권력을 드러낼 수 있는 웅장한 미술을 다시 일으켰어. 원래 나폴레옹은 평범한 청년일 때부터 자신을 대단한 인물로 포장하는 법을 잘 알고 있었어. 그리고 황제가 되자 당대 최고의 미술가들에게 자신이 죽어서도 길이 기억될 그림을 작업하도록 했지.

이런 미술가 중에는 앵그르가 있었어. 그러나 나폴레옹의 궁정 화가는 다비드였어. 그는 말을 타고 알프스 산을 넘어가는 근사한 상상 속의 나폴레옹 초상화를 그렸어. 이후 다비드는 나폴레옹의 황제 취임식 등 모든 행사를 그림으로 남기라는 명을 받기도 했어.

야심가인 나폴레옹은 스페인 왕들을 왕위에서 물러나게 한 뒤 스페인을 침략했어. 스페인 국민은 게릴라 전쟁을 벌이며 침략자와 맞서 싸웠지. 나폴레옹에겐 고문이나 다름없었어. 정말 끔찍하고 무모한 전쟁이었어. 이러한 역사적 사건 속에 프란시스코 고야 1746-1828가 있었어.

고야의 〈전쟁의 참화〉

고야는 매우 현대적이고 훌륭한 화가였어. 그의 작품 〈전쟁의 참화〉는 공포심과 잔인함 그리고 광기를 그려낸 동판화 연작이야. 그때는 장 오귀스트 도미니크 앵그르1780-1867와 같이 고전적인 고요함과 대상의 아름다움을 다시 살리고자 하는 화가들이 있었어.

또 다른 화가들은 흥분되는 감정과 열정, 그리고 슬픈 느낌이 드는 로맨틱한 세계를 표현하고자 했어. 혁명가였던 고야가 이 부류에 속했지. 자, 여기서 다시 미술사의 중요한 논란거리를 볼까? 바로 미술가의 감정은 중요하지 않고, 미술을 통해 완벽하게 아름답고 평온한 세상을 보여 줄 것인가, 아니면 미술가의 감정과 삶의 비극을 표현할 것인가에 대한 거야.

전자는 고전주의자들로 고전적이었던 고대 시대의 모델을 강조했어. 이들은 예술품은 아름답고 고귀하며 교육적이어야 한다는 신념이 있었어. 또 그들은 아름다움을 평가하는 정확한 기준이 존재한다고 믿었단다. 현실보다는 생각을 중요하게 생각한 거야.

그런 미술은 보수적이었어. 선이 색보다 더 중요했지.

"자연 속에 선이 어디 있다는 거지?"

고야는 스스로에게 이런 질문을 던졌어. 그는 "내가 보는 건 오로지 빛과 그림자다"라

앵그르

고 말하기도 했어.

반면, 혁신주의자들은 색을 더 중요하게 여겼어. 그들은 미술이란 한 시대의 슬픈 사건들을 기록한 것과 다름없다고 생각했어. 고야는 이런 부류의 미술가 중 하나였어. 그는 '아름다운 것'을 싫어했어. 또 미술은 자유의 수호자이자 공포와 불공평함을 그림으로 그려 증거가 되어야 한다고 생각했어. 그래서

고야

〈1808년 5월 3일〉을 통해 스페인 시민이 프랑스 군대를 공격하는 장면을 그렸단다.

또 다른 혁명가는 테오도르 제리코1791-1824였어. 그는 〈메두사호의 뗏목〉과 같은 그림을 통해 사람들을 감동시켰어.

〈메두사호의 뗏목〉은 1816년 여름에 일어났던 끔찍한 사건을 이야기한 거대한 작품이야. 메두사호는 세네갈을 항해하다 침몰하게 돼. 150명에 달하는 승객들은 돛대로 만든 뗏목을 타고 먹을 것도 물도 없이 13일 동안 바다 위를 떠돌아다니게 돼. 대부분은 목숨을 잃고 나머지는 정신이 나갔어. 시체를 먹을 정도였으니까 말이야. 결국 15명만이 구조됐지.

아까 제리코가 이 사건을 '이야기' 했다고 했지? 이야기를 한다는 것은 사건을 설명한다는 거야. 그걸 단지 이미지에 불과한 그림이 할 수 있을까? 물론이지! 제리코는 그림을 통해 이야기하고 싶었어. 그러려면 가장 의미 있는 순간을 골라야 했지. 여러 차례 밑그림을 그린 뒤 마침내 15명의 생존자가 수평선 너머로 보이는

그들의 유일한 희망이었던 작은 등불을 발견하는 장면을 묘사하기로 했어. 사람들은 화가가 사용한 기법보다 그림의 주제에만 관심을 쏟았어. 8개월 동안 미친 듯이 이 그림만 그렸던 제리코에게는 많이 실망스러운 결과였지.

19세기 동안 미술은 여러 가지 변화를 겪게 돼. 다른 분야와 마찬가지로 예술도 활기를 띠게 되지. 색채와 움직임에 빠진 페르디낭 들라크루아 1798-1863는 루벤스에게서 이러한 열정을 찾으려고 했어. 들라크루아는 아이디어를 찾아 모로코로 떠났어. 탕헤르에서 어떤 기마 시합을 본 뒤 일기에 이런 글을 남겼어.

"처음부터 말들은 심하게 흥분하며 달렸다. 기수들이 걱정될 정도의 강렬함이

고야의 〈1808년 5월 3일〉

들라크루아가 상상한 자유는 백성이 열렬히 따르는 여인이었다. (1830)

었지만 그림으로 표현하기엔 더없이 근사한 순간이었다. 루벤스가 상상했을 법한 환상적이고 멋진 장면을 본 것이 틀림없다."

들라크루아가 루벤스를 언급한 게 참 흥미로워. 혁명주의자인 들라크루아가 역사에서 그림을 배웠다는 뜻이니까 말이야.

그는 모든 걸 창작하려고 하지 않았어. 자신을 선사 시대 동굴에서 시작된 전통의 일부로 여겼어. 수백 년 동안 고민하고 때로는 실수하고 후퇴하고, 또 승리를 거두기도 한 전통 말이야. 들라크루아는 다른 화가를 비판하며 이들에게 배우고 또 뛰어넘길 바라며 그림을 보는 눈을 키워 갔어. 발전하기 위해 배우는 것. 이게

〈화가의 아틀리에〉 혁명주의 사회주의자인 쿠르베는 상징적인 인물을 등장시켜 사회 부조리에 맞서 싸우고 이를 비난하는 그림을 그렸다. 이 그림은 1855년 만국 박람회에 거부당했는데 그 이유를 놓고 어떤 이들은 너무 결의가 강해 보여서라고 했으며 또 다른 이들은 조심성 없이 '이야기'를 표현했기 때문이라고 했다.

들라크루아가 주는 교훈이야.

잠깐! 미술가들은 '화가'라는 거대한 종족의 일원이야. 그 속에서 지혜, 승리 그리고 실패의 전통을 물려받게 돼. 각각의 미술가는 자신의 작품을 통해 이러한 전통을 이어나가기도 하고 종종 예전의 것과 맞서 싸우기도 하지. 우리도 이들과 비슷해. 우리 모두 '인류'라는 거대한 종족의 일원이고 문화라는 전통을 물려받잖아? 그런데 우리도 배우고, 선택하고 또 발전해 나가야 해.

1855년 파리에서 만국 박람회가 열렸어. 대규모 전시회가 포함돼 있었는데 5천

점이 넘는 그림을 전시하기로 했어. 프랑스 미술을 상업적으로 선보이는 것과 같았어. 앵그르와 들라크루아는 그곳에서 예술에 대한 자신만의 소신을 드러냈지만 또 다른 거장인 귀스타브 쿠르베 1819-1877는 소외됐어.

그는 고전적인 표현법이나 비극적인 그림에 질려 있었어. 그가 볼 때 둘 다 과장이 심했어. 전시회에서 빠진 것에 화가 난 쿠르베는 행사장 근처에 전시관을 만들어 자신의 작품을 전시했어. 그의 전시관엔 이런 간판이 붙어 있었지.

"귀스타브 쿠르베-사실주의"

이제 미술 분야에는 전시회라는 새로운 형태가 생겨나게 돼. 예전에는 누군가가 그림을 의뢰할 때까지 기다려야 했어. 하지만 이제는 화가들이 직접 자신의 작품을 전시해 사람들에게 다가가게 된 거지. 이건 굉장히 중요해. 화가들이 어떻게 자신의 이름을 알렸을까? 화가들은 더 이상 왕세자를 위해 그림을 그리거나, 어떤 조직에 속해 일하지 않았어. 그들은 미술 시장에서 자신의 상품을 파는 '자유로운 예술가'였어.

그림을 파는 전문 '미술상'도 있었지만 제일 좋은 방법은 파리 '살롱전'에 그림을 전시하는 거였어. 하지만 '살롱전'에 전시하려면 심사단이 전시를 지원한 작품 중에 전시할 작품을 골라내야 했지.

미술가들은 마치 시험을 보는 것 같은 살롱전을 싫어했지만 이름을 알리려면 꼭 필요했어. 1863년에는 5천 점의 출품작 중 4천 점 이상이 거절당했어. 1874년에는 3,657점이 전시됐어. 1880년 2,586명의 화가가 3,957점의 그림과 2천 점의 소묘를 내놓았어.

바닥부터 천장까지 보기도 힘들만큼 많은 그림이 걸려 있었지. 그런데 1875년 살롱을 통해 51,509점의 그림이 판매되면서 그 성공을 짐작할 수 있었어. 그러나 1863년 지원자들의 많은 작품이 한꺼번에 거부되면서 문제가 되었지. 그래서 나폴레옹 3세가 사태를 파악하기 위해 살롱전을 방문하게 돼. 그는 화가들에게 심사 위원들이 거절한 작품을 대중에게 평가받을 기회를 주기로 했어. 이렇게 해서 이른바 '낙선전'이 생겨났어. 이후 1884년에는 '독립 미술가전'이라고 하는 새로운 살롱전이 등장했어.

에두아르 마네1832-1883는 반관습주의와 반살롱전 운동을 이어 나갔어. 마네는 어떤 것이든 미술의 좋은 주제가 될 수 있다고 생각했어. 그리고 1859년 살롱전에 그림 한 점을 출품하지만 낙선하게 돼. 이 그림은 술을 마시는 한 남자를 그린 작품이었어.

"꼭 이렇게 역겨운 걸 그려야 했나? 이보게 친구, 당신은 주정뱅이야. 이성을 상실한 건 바로 당신이라고!"

당시 심사단 중 한 명은 이렇게 말하며 주정뱅이 같은 주변 사람을 그렸다고 비난했어. 마네는 이후 〈풀밭 위의 점심 식사〉로 다시 반향을 불러일으켰어. 잘 차려입은 두 신사가 나체의 여인과 풀밭 위에 앉아 있는 그림이었지. 그리고 또 한 번 굉장한 여성 나체화로 사람들의 관심을 끌게 돼. 자신의 고객일지 모르는 관객을 똑바로 바라보는 여인의 자화상인 〈올랭피아〉야.

마네는 이 그림을 매우 좋아해서 한순간도 놓지 않았어. 이후 1888년 마네가 죽은 뒤, 먹고살기 어려워진 그의 부인이 미국의 한 수집가에게 〈올랭피아〉를 팔

마네의 〈올랭피아〉

기로 했어. 마침 클로드 모네가 그 그림을 사려고 돈을 거둬들이고 있을 때였지. 모네는 루브르 박물관에 그림을 기증할 생각이었어. 그의 눈엔 마네의 작품이 프랑스 미술사의 획기적인 사건이라고 생각했지. 마네는 미술사에 또 다른 변화를 가져왔어. 그는 '플라뇌르flaneur'가 됐어. 플라뇌르는 특별한 목적지 없이 거리를 산책하는 사람을 말해. 마네는 윤곽, 모자, 손동작이나 몸짓할 것 없이 관심을 끄는 걸 발견하면 곧바로 그림을 그렸어. 그때까지만 해도 화가들은 창문으로 빛이 들어오는 화실에서 그림을 그렸어.

마네는 화실과는 빛이 다른 바깥에서 그림을 그려야 한다고 생각했어. '아는 것'이 아닌 실제로 보는 것을 그리고자 했어. 야외의 색채. 이것이 마네가 그리려고 했던 거였어. 이제 미술에서 빛이라는 새로운 주인공이 등장한 거지.

영국에서는 내가 좋아하는 화가인 윌리엄 터너1775-1851가 같은 고민을 하고 있었어. 그의 그림은 묘한 분위기를 풍겨. 그중 하나는 눈보라를 뚫고 항해하는 배를 묘사한 작품이야. 실제로도 눈보라와 바람과 구름이 보여. 배는 그저 이 강렬한 색채와 자연 사이에 희미하게 보일뿐이야. 계속 변하며 현실에서 보이는 것을 바꾸는 빛을 그리는 것. 이것이 새롭게 나타난 화풍인 인상주의가 이루려는 바였어.

루브르 박물관

프랑스의 국립박물관 겸 미술관이다. 1546년 예술품 수집가 프랑수아 1세가 이 낡은 성곽을 부수고 그 터에 새로운 왕궁인 루브르 궁전을 짓기 시작했으며 뒤이어 대부분의 왕들이 증축해 왔다. 1682년 루브르는 루이 14세가 베르사유로 왕실을 옮김에 따라 폐궁되고, 18세기 들어서 이곳을 공공 박물관으로 쓰려는 움직임이 일었다. 1980년대에 들어 루브르는 관광객 유치를 위해 개축 작업을 개시했다. 루브르는 세계에서 가장 많은 그림을 소장한 미술관 중에 하나이며, 이들 작품은 인상파에 이르기까지 유럽 모든 시대를 대표하고 있다. 여기에 소장된 15~19세기 프랑스 그림들은 세계 최고다.

25 모네의 수련

이제 나와 가장 많은 시간을 함께 보낸 화가를 소개할게.
바로 클로드 모네 1840-1926야.
파리 근교의 지베르니라고 하는
작은 마을에 가면 모네의 집을 볼 수 있어.
그는 수년간 가난에 허덕이다 그 집을 사게 됐어.

그리고 수련 연못이 있는 작은 정원을 꾸몄지. 모네는 죽을 때까지 하루도 거르지 않고 수련 그림을 그렸어. 사람들이 그에게 이렇게 묻곤 했어.
"모네 씨, 매일 같은 걸 그리느라 지겹지도 않소?"
그랬더니 모네가 화가 나서 대답했지.
"같은 거라니? 풍경이 어찌나 빨리 변하는지 그릴 수가 없어 문제구먼."
그의 말이 맞았어. 꽃의 형태가 아닌 꽃이 빛을 받아 반사되어 나타나는 색을 그린다고 생각해 봐. 아침, 정오 그리고 해질 녘에 그리는 게 도두 다를 수밖에 없겠지? 모네는 루앙 대성당의 앞면에 각기 다른 시간대에 여러 그림을 그렸어. 캔버스를 여러 개 놓고 빛의 변화에 따라 이곳저곳 옮겨 다니며 동시에 작업을 하기도 했지.

모네

쉽게 싫증 내지 않는 모네는 배울 점이 많은 화가야. 안 그래? 누군가를 사랑하면 그 사람의 얼굴이나 사진을 질리도록 봐도 좋은 법이지. 그런데 누군가 핀잔을 주며 "이제 다른 얼굴 좀 보지 그래?"라고 말한다면 얼마나 화가 나겠어. 모네도 그런 기분이었을 거야. 그는 수련의 모습이 영원히 남도록 그림을 그리고 싶어 했어.

혹시 기억나니? 스케치와 색채 사이에 항상 충돌이 있었다고 한 거 말이야. 모네와 인상주의 화가들은 색채에 승부를 걸었어.

모네의 제안이 말도 많고 탈도 많았기에 그와 동료는 살롱전에 작품을 전시할 수 없었어. 대신 한 사진사의 전시실에 그림을 걸 수 있었지. 모네의 그림은 해 뜰 무렵 안개 속에 비친 바다를 묘사한 것이었어. 작품명은 〈인상-해돋이〉였어. 한 비평가는 이 제목이 이상하다고 생각해 모네와 그 무리를 비꼬는 뜻으로 '인상주의자'라고 불렀어. 하지만 이 이름은 성공적이었고 원래의 나쁜 의미도 없어졌지. 인상주의 화가들은 새롭게 사물을 보는 법을 개발하고자 했어. 이것이 미술가의

임무라고 생각한 거지. 주제는 크게 중요하지 않았어. 모든 대상이 흥미로웠으니까. 중요한 건 그리는 것 그 자체였어. 세상의 색채를 드러내 주는 색이 가장 중요한 요소였단다.

하지만 그렇게 심오한 변화에는 이해 부족이라는 문제가 따르는 법. 인상주의도 예외는 아니었어.

> **인상주의**
>
> 19세기 후반에서 20세기 초에 걸쳐 프랑스를 중심으로 유럽에서 유행하던 예술 조류. 미술에서는, 대상이 화가에게 주는 인상을 중시하여, 빛과 함께 변하는 색채의 변화 속에서 자연을 주로 묘사하였다. 대표적인 인상파 화가로는 마네, 모네, 드가, 트누아르, 들라크루아, 고야, 터너 등이 있다.

1831년 유명한 소설가 오노레 드 발자크는 17세기를 배경으로 한 《미지의 걸작》이라는 소설을 출간했어. 소설의 내용 중에 이런 이야기가 있어. 프랜호퍼라는 한 나이 많은 화가는 시녀 카트린 레스코의 초상화를 아무에게도 보여 주지 않으려고 했어. 끈질기게 조른 끝에 푸생과 포르부스, 이 두 화가가 그 그림을 보게 됐어.

프랜호퍼는 설레는 마음으로 그들을 방으로 안내했어. 방에 도착한 푸생과 포르부스는 아무리 찾아봐도 그림을 찾을 수가 없었어. 그러자 프랜호퍼가 이상한 선들과 묶인 색들이 한데 뒤섞인 담벼락만 보이는 한 캔버스를 가리켰어. 두 화가는 '그 놀라운 점진적 파괴'에서 벗어난 유일한 부분인 발 하나만 알아볼 수 있었어. 프랜호퍼는 신체에 대한 빛의 효과에 대해 연구했노라고 말했어. 그리고 이렇게 말했지.

"스케치는 없어."

이 이야기가 미술사에서 일어날 중대한 변화를 잘 보여 주는 것 같아. 색채를 위해 형태를 '점진적으로 파괴하는 것'은 결국 알아볼 수 없는 형상을 만들게 됐지. 이건 모네의 작품에서도 볼 수 있어. 모네는 여러 차례 자신의 정원에 있는 일본식 다리를 그렸어. 가장 최근에 그린 다리 그림은 단지 '색의 혼합'이었어.

지금 보면 다 멋지고 표현하고자 한 것이 분명한 그림들이라 당시의 비평가들이 쓴 글을 보면 잘 이해가 안 되기도 해. 1876년에 한 비평가가 쓴 글을 볼래?

"르 펠르티에 가는 재앙의 거리이다. 오페라 극장 화재 이후 같은 거리에서 또 다른 사고가 일어났다. 뒤랑 뤼엘의 작업실에서 한 전시회(그는 분명 그림 전시회라고 했다)가 막 개막했을 때였다. 전시회장에 들어가자 나는 무언가 끔찍한 것을 목격했다. 대여섯 명의 정신병자들이 모여 자신의 작품을 그곳에 전시했다. 그중엔 여자도 있었는데 그림 앞에서 배꼽을 잡고 웃는 것이었다. 하지만 나는 그들을 보자 크게 실망하고 말았다. 자칭 미술가인 이들은 스스로 혁명가이자 '인상주의자'라고 생각했다.

캔버스 한 조각과 색 그리고 붓을 골라 마구잡이로 물감을 칠한 다음 자신의 이름을 적으면 그만이었다. 정신병자들이 길에서 돌을 주워 놓고 다이아몬드를 찾았다고 하는 것과 뭐가 다르단 말인가?"

이 비평가가 옳았을까? '인상주의자들'과 산책을 해 보자. 그들은 길을 활보

모네의 〈해돋이〉

하다 무용을 배우는 사람들, 테라스에 있는 사람들, 기마 시합을 보는 사람들, 머리를 감는 사람들을 그리기 좋아했어. 인상주의 화가들로는 모네, 르누아르, 피사로, 드가, 시슬레 등이 있어. 베르트 모리조와 메리 카사트와 같은 여성 화가들도 있었어.

    모든 인상주의 화가들을 언급할 수는 없지만 에드가 드가 1834-1917는 잊을 수가 없어. 드가는 나처럼 춤을 좋아했지. 그래서 무용가의 그림을 많이 그렸는데 스케치 실력이 아주 좋은 화가였어.

    그는 사진에도 관심이 많았어. 새롭게 등장한 사진때문에 미술은 또 다른 도전을 해야 했단다. 전통적으로 미술은 사물이나 풍경 또는 사람의 모습을 보존하거나 전달하는 역할을 했었거든. 그런데 이제 그 역할을 사진이 하게 된 거야.

하지만 나는 여행을 할 때 내가 마음에 든 장소를 그림으로 남기는 걸 좋아해. 잘 그린 그림도 아니고 실제 모습을 정확히 표현한 것도 아니지만, 그림을 보면 그때의 느낌이 떠오르거든. 실패한 인상파라고나 할까?

움직임도 드가의 관심 대상이었어. 인상주의 화가들은 빛의 변화, 인상, 순간을 잡으려고 애썼어. 하지만 움직임을 표현할 수 있었을까? 말의 움직임에 관한 재미있는 문제가 나왔어. 말이 전속력으로 달릴 때 다리의 움직임을 보는 건 정말 힘들거든.

보통 그림에선 네 다리를 동시에 드는 것 같지만 실제로는 그렇지 않아.

드가는 다른 인상주의 화가들과는 달리 풍경에는 그다지 관심이 없었어. 그보다는 내면과 움직이는 신체를 그리기 좋아했지. 드가는 여성들이 화장실에서 꾸미고 머리를 빗는 아주 개인적인 장면들을 많이 그렸어.

드가의 제자였던 툴루즈 로트렉1864-1901도 자연을 좋아하지 않았어. 대신 윤락가나 카바레, 특

히 파리의 극장인 물랭 루주에 자주 가서 무용수, 일반 대중, 운락가 여성 등을 그렸어. 또 현대적인 느낌의 카바레용 포스터를 그리기도 했단다.

잠깐! 고백하건대 나는 인상주의를 정말 동경해. 일상적인 것을 예술로 만들어 주는 유쾌한 그림이지. 인상주의 화가들의 그림을 보고 나면 대규모 신화 그림이나 종교화가 좀 부담스럽게 느껴지기도 해.

환상의 세계에서 꿈꾸는 것보단 현실을 한 편의 시처럼 보는 게 더 좋은 것 같지 않니? 인상주의 그림들을 보면 시인 파블로 네루다가 다시 생각나. 그는 빵, 수프, 엉겅퀴, 비, 길거리처럼 소박한 대상을 노래했지.

너희도 알겠지만 끌리는 건 아름다운 노래 소절이 만드는 감정이란다. 아무튼 떠돌이 기질이 있던 시인 브라상의 노래 중 이런 내용의 가사가 있어.

비가 억수같이 내리던 날, 우산(물론 훔친 우산이었지)을 쓰고 길을 걷다 흠뻑 젖은 채 종종걸음을 치던 한 아름다운 여인을 만나게 돼. 그녀에게 다가가 우산을 같이 쓰겠느냐고 묻자 "네"라고 대답하지. 잠시나마 그 작은 천국에서 브라상은 행복감을 느껴. 그리고 비가 그치고 그녀는 떠나지. 나는 이것이 인상주의적 장면이라고 생각해.

우리가 수사 중이었다는 거 잊지 않았겠지?
일명 '피카소 수수께끼' 말이야.
그런데 아직 큰 진전을 못 본 것 같단 말이지.
인상주의 화가들의 기교가 워낙 뛰어났기 때문이야.

실제 모습과 그 빛을 가장 심오하게 포착하기 위해 붓을 어떻게 다루어야 하는지 잘 알았거든.

스페인의 인상주의 화가인 호아킨 소로야 1863-1923가 발렌시아 해안의 빛과 바다 혹은 젖은 피부 속에 비친 태양을 어떻게 표현했는지 한번 봐 봐. 아마 그가 사용한 기법이 얼마나 훌륭한지 알 수 있을 거야. 그 속으로 들어가 살고 싶은 그런 그림이지.

미술가들은 아는 것을 그리려고 노력했어. 이집트나 종교 미술이 여기에 해당해. 고전주의는 완벽하다고 생각한 것을 그리려고 했고, 신화 그림을 그릴 때는 시에 있는 내용을 표현하고자 했지. 그리고 마침내 눈으로 보는 것을 모사하는 단계에 이르게 됐어. 이런 욕구들을 채우려고 새로운 기술과 기법 그리고 재료를 개발해 왔어.

원근법, 명암법, 유화, 캔버스, 붓놀림, 표현 수단으로서의 색채를 발견하는 데 수백 년이 걸렸단다. 하지만 이렇게 격정적인 세월이 지나고 나자 피카소와 같은 시대를 살았던 많은 미술가가 아이처럼 그리길 원했어. 기법 따윈 신경 쓰지 않고 말이지.

그렇게 바뀐 이유를 알아낸다면 미술사뿐만 아니라 우리의 삶에서 일어나는 많은 일의 원인을 이해할 수 있을 거야. 이를테면 모순적인 감정 말이야. 자식들을 봐봐. 부모를 사랑하면서도 부모에게서 벗어나고 싶어 하거나 부모와 다르게 보이려고 하잖아.

많은 사람이 인상주의가 미술사의 끝이라고 생각했어. 그보다 현실을 잘 묘사할 수 없었지. 기법과 관련된 모든 문제가 풀린 거나 다름없었어. 하지만 한 가지 잊지 말아야 할 것이 있어.

아주 중요한 거니까 잘 들어!

문제를 해결하는 게 다가 아니야. 우리 스스로 문제를 만들어 내는 것도 필요하다고. 왜 그런지는 모르겠지만 아이들은 4살만 되면 질문을 쏟아 내기 시작해. 스스로 문제 제기를 하는 거지. 우리는 이미 알고 있는 것으로 만족하지 않고 그보다 더 알기를 바라잖아. 희망 사항이 끝이 없는 것처럼 말이야.

그림을 그리는 것도 마찬가지야. 미술가들은 인상주의 화가들의 발견을 칭송하고 반복하는 것에 그치지 않았어. 그 대신 새로운 문제를 제기하는 쪽을 선택했지. 이것이 우리 인간에게 원래부터 있던 특징이야. 좀 더 앞으로 나아가며, 더 아름답고, 더 마땅하게, 더 진실하게 보이는 계획을 만들어 가려고 하는 거 말이야.

이제 3명의 화가가 피카소 수수께끼를 푸는 데 도움을 줄 거야. 의도하지 않게 미술사를 바꾼 장본인이지. 바로 폴 세잔 1839-1906, 빈센트 반 고흐 1853-1890 그리고 폴 고갱 1848-1903이야. 이 셋은 인상주의의 영향을 받았지만 그 이상을 원했어. 인상주의가 기발하고 매력적이긴 했지만 그 화법에만 머무르게 될까 봐 두려웠거든.

세잔에겐 빛의 움직임에 따라 실제 계속 변하는 '인상'을 찾는 일이 좀 힘들었나 봐. 그는 빛은 잃지 않으면서도 실제에 그 무게와 일관성을 돌려주려고 했어. 바로 스케치를 되살리려고 했지.

세잔은 사람들과 어울리는 걸 좋아하지 않았고 걸핏하면 화를 냈어. 결국 오래 만나 온 인상파 친구들과 멀어지게 됐지. 그는 친구들과 떨어져 살면서 삶의 마지막 날까지 프라 안젤리코처럼 성직자가 되지 않은 걸 후회했어. 그랬으면 해가 뜰

때부터 질 때까지 실컷 그림을 그리거나 수도실에서 명상을 하면서 아무에게도 방해를 받지 않았을 텐데 말이야.

세잔은 작업실 벽에 목탄으로 이렇게 적었어.

"행복은 일에 있다."

사실 세잔은 이치에 맞지 않는 화가였어. 빛의 강렬함을 유지하면서 실제의 무게를 그려내고 싶어 했거든. 그는 선과 색을 혼동하는 것은 영원한 것(선)과 순간적인 것(색)을 혼동하는 것과 같다고 생각했어. 마침내 그림을 통해 진실을 찾기로 했어. 진실은 상상 속에 있는 것이 아니라 현실을 파고들다 보면 밝혀지는 거였지. 그래서 이런 글을 썼어.

"종속은 모든 완벽함의 기초이다."

무엇에 대한 종속이냐고? 현실, 바로 진실이야.

세잔

잠깐! 세잔의 "행복은 일에 있다"라는 말은 그림의 거장들이 평생 가졌던, 그림에 대한 열정을 보여 주고 있어. 그런데 행복이 일이라는 말은 좀 과장인 것 같지 않니? 그래서 나는 또 다른 천재, 프로이트가 한 말이 더 마음에 와 닿아.

"행복은 일과 더불어 사랑이다."

인상주의의 한계를 느낀 미술가는 세잔뿐이 아니었어. 고갱은 전통에서 벗어나고자 타히티로 갔어. 그곳에서 유럽의 미술을 잊고 원주민 미술의 단순함을 되찾고 싶었지. 고갱은 전에 친구인 반 고흐와 다툰 적이 있었어. 고갱에 대한 복수심 때문이었을까? 그 이후 고흐는 터무니없게도 한쪽 귀를 잘랐어.

그럼 계속 고갱을 살펴볼까? 고갱은 화려한 색감으로 표현한 원주민과 밀림 그림을 가지고 파리로 돌아왔어. 그런 그를 사람들은 야만인이라 불렀어. 그런데 그 말은 고갱의 마음에 쏙 들었어. 전통적인 문제점을 잊는 것이 그가 풀려고 한 숙제였어. 마치 누군가가 갖가지 색으로 수십 번 덧그려진 벽의 원래 색을 찾으려고 하는 거나 마찬가지였지.

이쯤에서 잠시 빈센트 반 고흐 얘기 좀 할게. 그에 대한 감사의 표시라고나 할까? 내가 아주 젊었을 때 《동생 테오에게 보내는 반 고흐의 편지》라는 책을 읽은 적이 있어. 그 책은 화가가 되고 싶어 했고 그것이 평생 해야 할 일이라고 생각한 한 남자의 일기야. 고흐는 그림을 그릴 줄 몰랐기 때문에 배우려고 노력했어. 오래전 암스테르담에서 고흐의 모든 작품을 전시한 굉장한 전시회를 볼 기회가 있었어.

그렇게 많은 작품을 단 10년 동안 그렸다는 게 믿기지 않았어. 고흐의 그림 속 풍경은 거칠고 난폭하지만 열정이 있고 흥겨워. 꼭 엄청난 허리케인에 휩쓸린 것 같은 느낌이 들지.

고흐는 동생의 도움으로 근근이 살아 나갔어. 그림이 잘 팔리지 않았거든. 그는 오로지 사물의 아름다움을 보는 것에만 관심을 보였어.

"나는 가장 허름한 집에서 그림의 소재를 발견하고 그리기 시작한다."

동생에게 쓴 한 편지에서 그는 열정을 담아 이렇게 말했어.

"오늘 구스타브 도레가 쓴 진정한 예술가에 관한 구절을 읽었어. '나는 소의 인내심을 가졌다'는 말이야. 나는 내가 얼마나 사람을 그리고 싶어 하는지 알아. 나는 선이 돌처럼 둥글고 촘촘해질 때까지 몇 번이고 그릴 거야."

성격이 급하고 병때문에 힘들었던 (고흐는 정신이 나가 한 요양원에서 지내다가 결국 스스로 목숨을 끊었어) 화가가 인내심이 예술가에게 중요하다고 평가한 것이 인상적이야. 19개월 동안 고흐는 255점의 그림을 남겼어.

잠깐! 반 고흐의 소박한 자신감은 참 감동적이야. 그는 그림 그리는 법을 몰랐지만 배우면 된다고 생각했어. 그만둘 수도 있었을 텐데 그림을 그리면서 오는 피로를 이겨냈지.

"내일은 더 잘할 거야."

그의 끈기는 알아줘야 한다니까! 앞에서 일본 화가 호쿠사이가 했던 말 기억하니?

"내 나이가 110살이 되면 얼마나 그림을 잘 그릴까!"

반 고흐

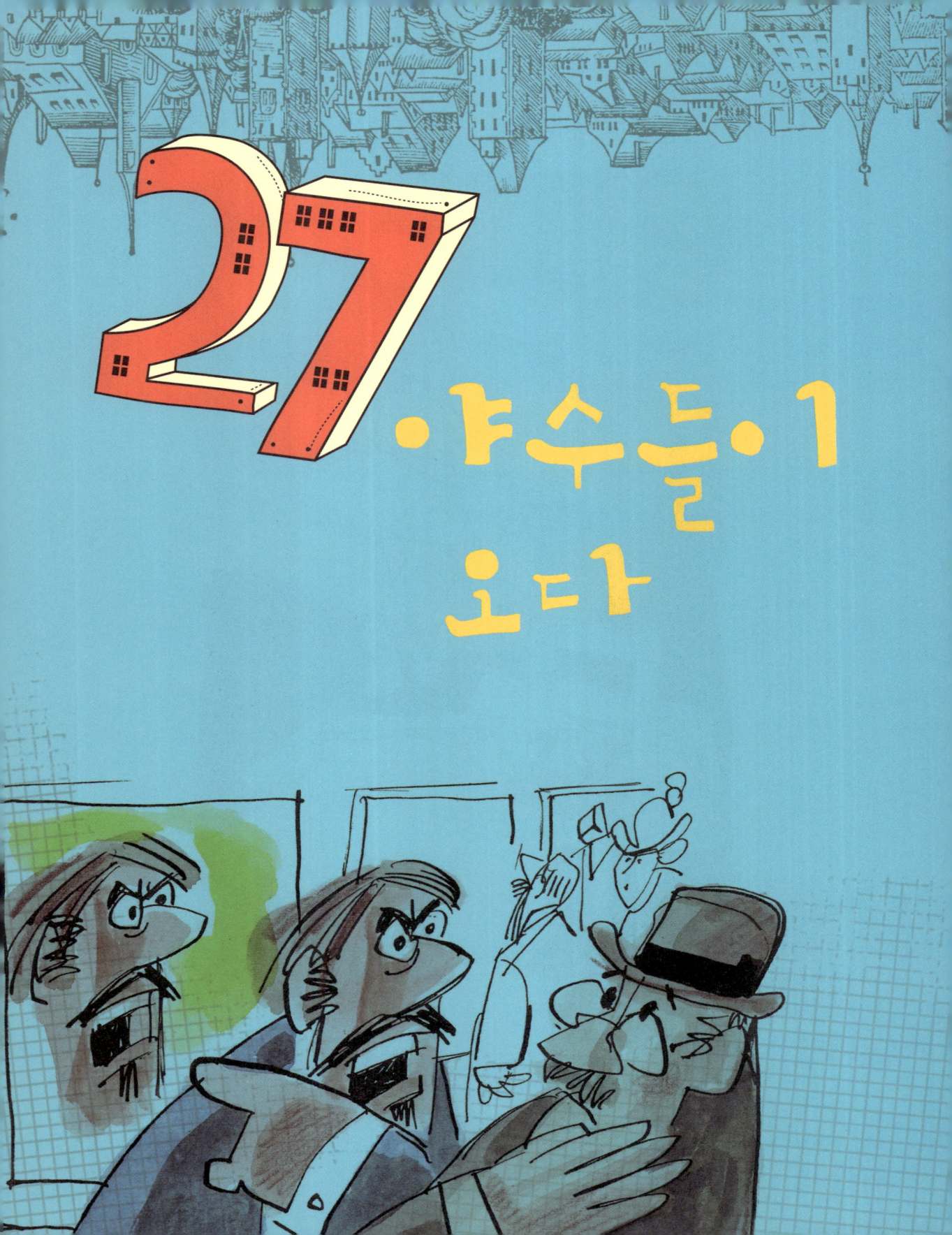

천재 화가들이 한데 모인 시기가 지나고 나자
젊은 세대들은 새로운 길을 찾고자 했어. 이해가 가지?
그때의 미술 분야에서는 이제 좀 지루하다는 분위기가 있었어.
모든 게 다 만들어져 있으니 더 이상 발견하지 않아도
된다고 하면 어떤 기분이 들 것 같아?

맥이 쭉 빠지고 말겠지! 위대한 시인 베를렌은 이렇게 말했어.

"하고 싶은 말은 다했다. 책이란 책은 다 읽었다. 나는 천 살이 된 것보다 더 많은 기억을 지녔다. 나는 다 먹고 다 마셨다. 이제 더 이상 할 얘기가 없구나!"

그런 상황에서는 수평선 저 너머에 구원의 길이 있다고 생각하기 쉽지. 그래서 어떤 시인은 이렇게 노래했어.

"오, 죽음이여. 나이 든 선장 양반! 이제 때가 됐구려. 닻을 올리자! 이 나라는 지겨워. 오, 죽음이여. 돛을 펼치자"

말라르메는 이를 한 소절로 요약했어.

"아, 육신이 괴롭구나. 내가 모든 책을 다 읽었으니."

미술가들의 생각도 이와 다를 바 없었어. 모든 게 이미 다 만들어져 있었거든. 그냥 계속 풍경, 수련, 빛이나 그려야 하는 걸까? 이게 문제였지. 도대체 출구는 어디에서 찾아야 할까?

지금 얘기하는 미술사의 시기는 경험이 들쑥날쑥 바뀌는 때였어. 그 어떤 것보다 뛰어난 양식이 없는 때였어. 비평가들과 추종자들의 관심을 끌 만한 전통의 파괴라면 그 어떤 것이든 새로운 형식이 됐단다. 미술사를 들여다보면 '-주의'라는 세상과 미술에 대한 화가들의 시각을 나타내는 말로 가득 차 있어. 모두 다 중요해. 저마다 이유가 있거든.

심리학자들은 창의성을 높이려면 '브레인스토밍brainstorming : 자유롭게 토론하며 생각을 끌어내는 일'을 통해 여러 사람이 자유롭게 자기 생각을 말하는 것이 좋다고 해. 그러다 보면 좋은 아이디어를 얻을 수가 있거든. 그 당시에는 아이디어를 놓고 '이게 좋다' 혹은 '이게 나쁘다'고 평가할 수 없었어. 최대한 많은 아이디어가 나올 수 있게 노력하는 것만이 중요했지. 평가야 나중에 해도 되는 거니까 말이야. 그래서 처음에는 어떤 생각을 제시해도 괜찮았어. 해결책을 내는 과정이었으니 말이야. 사실은 이게 맞는 방법이야. 멋진 아이디어가 찾아오길 기다리지만 말고 그걸 찾으려고 노력하고 또 노력해야 해.

이 시기의 미술사는 '브레인스토밍'의 연속처럼 보여. 모든 것이 실험의 대상이었지. 예를 들면, 일본이나 아프리카처럼 유럽에서 먼 나라의 미술에서 아이디어를 찾기도 했어. 모네나 반 고흐는 일본 그림의 열렬한 팬이었지. 고갱은 타히티 사람들의 즉흥성을 흉내 내고 싶어 했어. 그리고 20세기 초 모든 젊은 미술가는 각

자의 취향과 상관없이 아프리카 조각에 끌렸어.

다들 막다른 골목이라 불리던 서양 미술에서 벗어나고자 했거든. 그래서 반 고흐는 과장법을 도입했어. 동생에게 쓴 편지 중 하나를 보면 고흐가 한 친구의 초상화를 어떻게 그리기 시작했는지 나와 있어. 처음에는 전형적인 초상화를 그렸어. 대상과 무척 닮게 그렸지. 사실 이런 건 초상화가나 하는 거지. 이어서 반 고흐는 색과 분위기를 바꿨어.

"머리카락의 아름다운 색을 주황과 크롬 그리고 레몬색으로 과장해서 칠한다. 머리 뒤 배경은 흔한 방벽 대신 끝을 알 수 없게 표현한다. 팔레트에 있는 파란색 중 가장 진하고 강렬한 색을 골라 배경을 단순하게 그린다. 빛나는 금발 머리를 한 남자의 머리가 진파랑의 배경과 대조를 이루면서 하늘의 별처럼 신비한 분위기를 만든다. 사랑하는 친구여! 사람들은 이 과장된 그림을 캐리커처로만 여길 테지만, 그게 우리에게 무슨 상관이겠는가?"

반 고흐는 색과 표현, 이 두 가지 측면에서 과장법을 사용했어. 이는 젊은 화가들을 끌어당겼어. 1905년 마티스, 브라크, 뒤피, 블라맹크 등의 화가 집단이 내놓은 작품은 강렬한 색채의 사용으로 사람들의 입방아에 올랐어. 그들의 작품은 베네치아 미술이 사용한 부드러운 색감과 정반대의 것이었지. 한 비평가는 이런 화가들을 '야수'라고 불렀어. 그리고 이 이름대로 그들의 화풍이 알려졌어. 바로 '야수파'였지. 야수파

> **야수파**
> 20세기 초기에 프랑스에서 일어난 회화의 한 형식. 또는 그러한 형식을 추구하는 화가. 굵은 선과 원색들을 사용해서 강렬하고 대담하게 표현한 것이 특징이다.

표현주의자

화가들은 반 고흐와 고갱의 색을 더 넓혔어. 색채에 대한 열정이 대단했었단다.

한편, 감정 표현을 과장하는 걸 좋아하는 예술가들을 '표현주의자'라고 불렀어.

에드바르 뭉크1863-1944는 그러한 경향을 따른 최초의 인물 중 하나였어. 그의 작품 〈절규〉가 아주 유명하지. 표현주의자들은 인간의 고통, 가난, 폭력 그리고 열정을 너무나 강렬하게 받아들여 정직하기를 포기할 때 비로소 미술에서의 조화와 아름다움에 관해 주장할 수 있다고 생각했어.

뭉크의 〈절규〉

내가 반 고흐의 자식들이라 부른 야수파와 표현주의파는 감정을 표현하기에 색만큼 좋은 수단이 없다고 생각했어. 그들에게 있어 주제는 두 번째였어. 반 고흐의 '손자들'은 저마다 결과를 이끌어 낸 다음 한 걸음 더 나아갔어.

그들은 '대체 주제가 왜 필요한 거지? 색만으로도 충분한걸' 이라고 생각했어. 이때쯤 '추상적인' 미술이 등장했어. 바실리 칸딘스키 1866-1944는 추상화의 선구자 중 한 명이었단다. 그는 '청기사파'의 일원으로 처음에는 표현주의자였어. 표현주의는 보이는 것을 그리기보다는 감정을 그림으로 표출하는 것을 말해.

청기사파라는 이름에서 알 수 있듯이 색채는 현실과 분리되어 있었어. 왜냐고? 파란색 말은 실제로 없거든. 적어도 내가 아는 한은 그래. 칸딘스키는 결국 청기사파에서 나와 색채에만 몰두했어.

칸딘스키는 신비주의자 같은 분위기를 풍겼어. 미술에서 영적인 것에 대해 논했지. 그는 눈에 보이는 것이

> **청기사파**
> 인상주의를 극복하고 표현주의를 실현하고자 1911년에 독일에서 설립된 단체.

진정한 현실은 아니라고 생각했어. 그의 친구인 화가 프란츠 마르크는 '두 번째 시각'이 필요하다고 말하곤 했어. 그들은 보이지 않는 것을 그리고 싶어 했어. 참 어려운 일이지.

피트 몬드리안1872-1944 역시 추상적이면서 신비주의자 같은 화가였어. 그의 그림은 장식적인 요소가 강했는데 도형과 공간과 같은 여러 색의 기하학적인 형태로 이루어져 있었어. 반 고흐를 동경했던 몬드리안은 소, 풍경, 풍차, 운하 등 네덜란드 화가가 그릴 수 있는 모든 것을 그림으로 표현했어. 그러다 붓 자국조차 느껴지지 않는 오염되지 않은 순수한 형태와 색에 빠지게 됐어.

그는 어떤 글에서 "미술은 더 이상 보이는 것을 재현해서는 안 된다"고 주장한 적이 있어. 이에 대해 피카소는 "보이지 않는 것을 그린다는 화가들을 보면 결국

몬드리안

아무것도 그린 게 없다"라고 말하며 비웃었어.

몬드리안은 수직선과 수평선의 조합이야말로 균형, 질서 그리고 빛을 가장 잘 표현할 수 있다는 결론에 도달하게 돼.

몬드리안은 화가인 친한 친구가 기울어진 선을 사용해 그림을 그렸다는 이유로 다투기도 했어. 만약 곡선을 썼다면 어떻게 했을까 몰라. 나는 몬드리안의 그림이 좋아. 그 속에 살고 싶은 건 아니지만 혹시 내가 병원에 입원하게 된다면 병실에 꼭 그의 작품을 걸고 싶은 정도랄까?

러시아에서도 새로운 방법을 찾으려고 노력 중이었어. 1915년 말레비치1878-1935는 순수의 결정체를 표현하려고 현실적인 요소는 모두 제거하려 했어. 순수란 '아무 것도 없음'이라고 했지? 드디어 1918년에 〈흰색 위의 흰색〉이라는 유명한 작품을 내놓게 돼. 그의 제자 중 몇몇은 좀 더 나아가려고 하다 완전히 흰색뿐인 그림을 그리기도 했어.

추상파 화가들은 그들이 싫어하는 세계의 최고봉에 표현주의를 올려 놨어. 표현주의 미술을 거부함으로써 그 세계까지 거부한 것이지.

스위스의 미술가 파울 클레1879-1940가 이런 말을 했어.

"세상이 끔찍하면 끔찍할수록 (이것이 오늘날의 현실이지만) 예술은 더 추상적이 되지만 세상이 평화로우면 평화로울수록 예술은 사실적이 된다."

잠깐! 잠시 모여서 지금까지 본 것을 정리 좀 해 볼까? 지금까지 본 모든 것에 대해 어떻게 생각해? 수백 년에 달하는 미술사를 통해 얻은 결론은 절대적인 미술(말레비치는 자신의 회화 양식을 절대주의라 불렀어)이란 하얀 그림을 그리는 거라는 거야.

> **표현주의**
>
> 20세기 초 독일을 중심으로 일어난, 화가의 감정과 반응을 그림에 표현하는 것. 인상주의와 자연주의에 대한 반동으로 일어났으며 회화에서 키르히너, 칸딘스키 등이 주창하였다. 1차 세계 대전 이후에는 문학, 음악, 연극, 영화 분야까지 확대되었다.

이 모든 게 탐정인 나에겐 표현주의에 대한 강렬한 저항으로 보여. 표현주의 화가들은 단지 보기만 원했지 생각하지 않으려고 했어. 반면, 그들의 뒤를 이은 미술가들은 먼저 생각을 하고 나서 (무엇을 그릴 것인지 신중하면서도 복잡한 방법으로 설명하는 책을 썼지) 그림을 그렸어. 하지만 그들을 진지하게 받아들여야 할까? 세잔이 언젠가 한 말이 꽤 인상적이야.

"미술과 그 선한 의도에 믿음을 가져야 한다."

난 화가들에게 '그들이 하는 무언가에는 다 이유가 있다'는 전제를 주어야 한다고 생각해. 자, 그럼 우리는 계속 수사를 해 볼까?

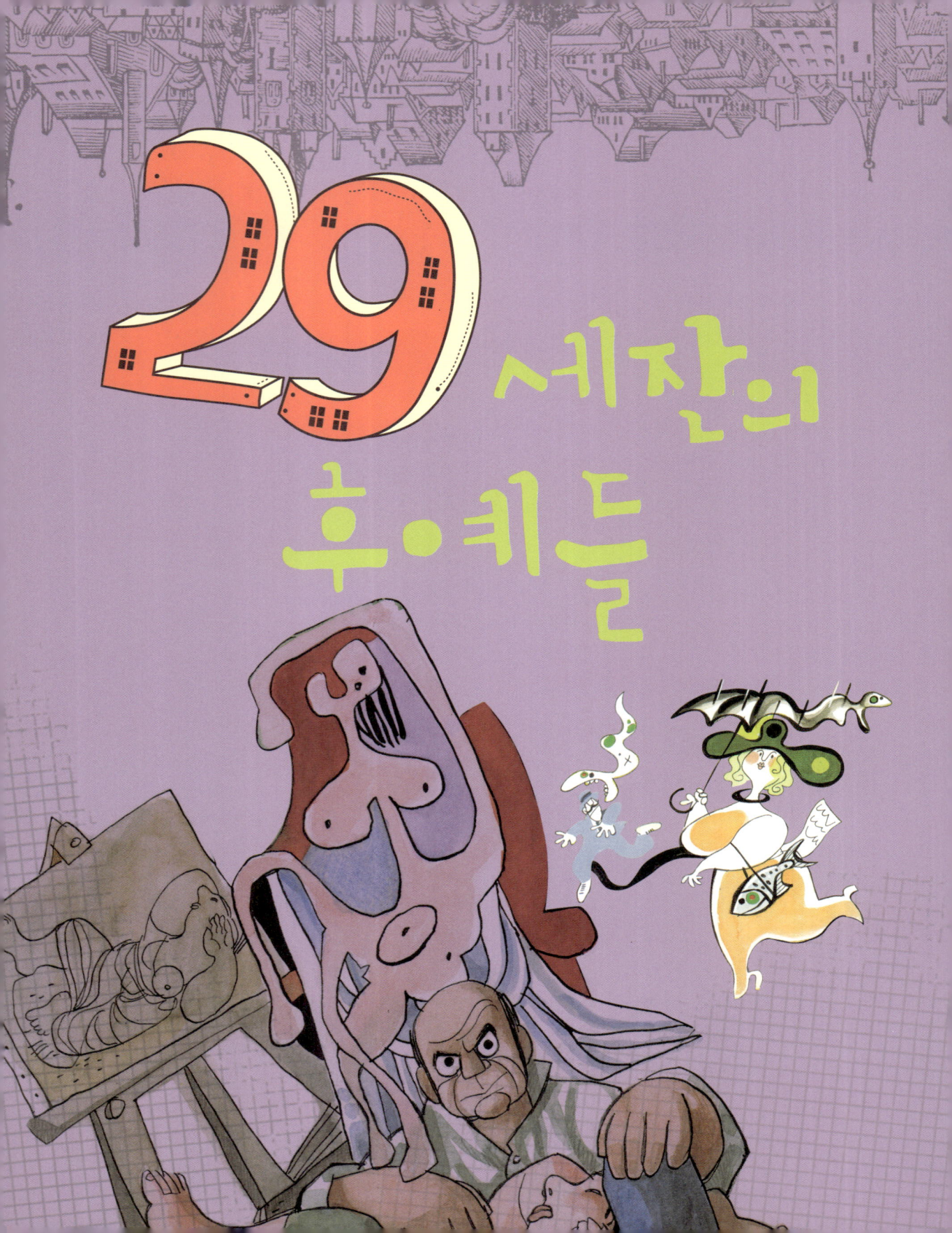

좀 전에 봤던 화가들을 '반 고흐의 후예'라고 했었지? 이번엔 세잔의 후예들에 대해 이야기할까 해.
세잔이 풀고 싶어 했던 문제 생각나?
인상과 빠른 붓놀림에서 벗어나 사물의 부피와 일관성, 핵심 그리고 구조를 되찾고자 하는 거였지.

1906년 파리에서 폴 세잔을 기념하는 대규모 전시회가 열렸어. 파블로 피카소 1881-1973라는 스페인의 한 청년 화가가 전시회를 보러 왔어.

드디어 수수께끼의 주인공이 등장했다!

피카소는 15살에 이미 인상주의 대가처럼 그림을 그리던 천재였어. 그는 마티스와 고갱의 작품을 공부했고 매우 간단한 요소들로만 대상을 그리는 법을 연구했어.

그러나 그런 그에게 세잔의 발견은 숨겨진 사실을 알려 주는 것과 같았어. 세잔은 피카소에게 자연을 관찰하고 정육면체, 원뿔형 그리고 원통 속에서 자연을 해석하는 데 힘을 쓰라는 내용의 편지를 썼어. 아마 세잔의 머릿속에서 그런 형체들로 그림을 구성하고 있었기 때문이었을 거야.

피카소와 그의 친구들은 세잔의 조언을 그대로 따르기로 했어.

"우리가 해야 할 일은 똑같이 그리는 것이 아니라 만드는 것이다."

우리는 한 대상을 여러 각도에서 바라본 것처럼 그릴 수 있어. 이제 새로운 '-주의'가 등장했어. 바로 입체주의 또는 입체파였어.

어떤 사람의 사진을 다양한 각도에서 찍는다고 생각해 봐. 손에 열 장의 사진이 있는데 여기서 가장 마음에 드는 부분들을 모아 하나로 만드는 거야. 그러면 실제로는 연결돼 있지 않은 형태들이 섞이면서 새로운 형상이 만들어질 거야. 정면을 바라보는 눈, 옆을 보는 반대쪽 눈, 앞에서 바라본 입, 옆에서 바라본 코……. 이런 식인 거지.

이집트 미술가들의 표현 방식과 비슷한데, 기억나? 문제는 이런 건 단순하고 잘 알려진 대상으로만 만들 수 있다는 거야. 조각난 형태를 통해 쉽게 재구성할 수 있는 대상 말이야. 예를 들면 바이올린, 병, 기타, 신문 같은 것들 말이야.

피카소는 당시 미술가의 표본이었어. 새로운 아이디어를 제시하고, 새로운 길을 찾는 일을 게을리하지 않았지. 그는 단 한번도 입체주의가 미술의 해결책이라고 생각하지 않았어. 그에게 있어 입체주의란 그저 한번 해 보고 버리는 시도 같은 거였어.

"모두가 미술을 이해하길 원한다. 그런데 왜 새의 노랫소리를 이해하려 들지 않는 걸까?"

그러나 피카소의 모든 시도는 여전히 현실을 바탕으로 했어. 그는 현실을 파란색으로 그렸다가, 크고 괴상한 것으로 표현하기도 했다가, 여러 부분으로 나눠 보

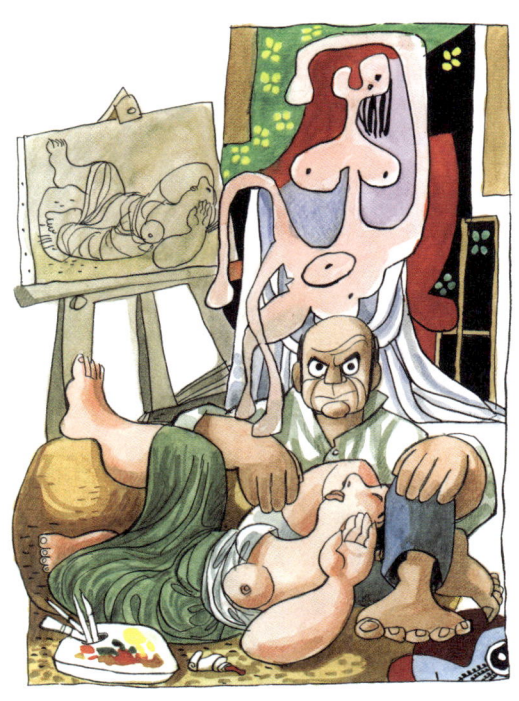

기도 했어. 그러나 실제가 아닌 것을 그리면 흥미로울 거라는 생각은 못했지. 이런 시도는 그의 호기심을 자극하기에 충분했어. '현실 속에서 가능성을 찾는 것'이 그가 원했던 것이었으니까. 이건 거의 철학적인 계획이나 다름없었어. 피카소가 어떻게 생각했는지 (화가들은 그림을 그릴 때도 생각한단다) 알려면, 그의 연인 질로의 초상화를 그리던 때의 피카소의 작업실로 들어가야 해. 질로의 말을 믿어 보자고.

처음에는 사실적인 초상화를 그려주겠노라 했지만 잠시 작업을 하고 나더니 이렇게 말했어.

"아니야. 이건 당신 스타일이 아니야. 사실적인 초상화로는 당신을 절대 재현해 낼 수 없어."

그때 나는 앉아서 자세를 취하고 있었는데 피카소가 또 이렇게 말했지.

"나는 당신이 앉아 있다고 생각하지 않아. 당신은 다른 사람의 힘으로 움직이는 부류가 아니라고. 내 눈에 당신은 서 있는 거로 보여."

그는 갑자기 마티스가 그린 내 초상화에서 머리카락을 녹색으로 표현한 걸 떠올리더니 그 생각에 굉장히 만족스러워했어.

"당신을 녹색 머리로 그릴 수 있는 건 마티스만이 아니야"라고 했지.

그때부터 머리카락이 나뭇잎 모양을 하게 됐고 이 단계가 지나자 초상화는 점차 꽃처럼 표현되어 갔어. 가슴도 같은 방식으로 둥글게 표현했어. 그러는 동안 얼굴은 현실감을 잃지 않았었지. 그래서 나머지 부분들과 좀 겉도는 느낌이었어.

피카소는 잠시 고민을 하더니 "얼굴은 다른 콘셉트로 가야겠어"라고 말했어.

"당신 얼굴이 좀 긴 타원형이긴 하지만 빛과 표현을 살리려면 타원을 옆으로 좀 늘려야겠어. 대신 차가운 파란색을 사용하면 길이는 괜찮겠어. 전체적으로 작은 파란색 달 모양이 될 거야."

그러고 나서 종이 한 장에 푸른색으로 칠하더니 자신이 생각한 머리 모양에 맞을 만한 여러 가지 타원형을 그리기 시작했어.

처음에 자른 두 개는 완벽하게 둥근 모양이었고, 이후에도 얼굴을 늘린다는 계획 아래에 서너 개를 더 만들었어. 다 자르고 나자 각각의 타원형에 눈, 코 그리고 입을 나타내는 작은 표시를 했어. 그런 다음 자른 타원형을 하나씩 하나씩 캔버스에 대보는 작업을 했어.

미세하게 오른쪽으로 옮겨 보고 왼쪽으로 옮겨 봤다가 또 위아래로 마음 가는 대로 맞춰 봤어. 그런데 마지막 하나까지 맞춰 봐도 정말 '이게 딱이다' 싶은 건 없었어.

여러 위치에 대보며 모든 가능성을 시험해 본 후에야 어떻게 해야 할지 감이 왔지. 그리고 캔버스에 맞춰 보자 바로 그가 대본 자리에서 완벽한 형태가 나왔어.

그는 확신에 차 있었어. 축축한 캔버스에 종이를 붙이고 나서 잠시 바라보다 이렇게 외쳤단다.

"이제 당신의 초상화 같군."

질로가 해 준 얘기 정말 재미있지 않니? 자, 여기서 주목해야 할 부분이 있어. 바로 피카소는 질로의 얼굴을 '모사' 하려고 하지 않았다는 거야. 즉, 그대로 베끼려고 하지 않았다는 거지. 피카소도 질로의 얼굴이 파란 달이 아니라는 것쯤은 잘 알고 있었어. 그는 모델에 대해 '알고' 있는 것을 제대로 재현해 내고자 한 거지. 생기 넘치고, 표현력이 풍부하며 빛처럼 밝은 질로 말이야. 아마 피카소에게 그녀는 달처럼 어두운 세상을 비춰 주는 존재였을지도 몰라. 이건 인상주의라기보단 원시 미술에 가까운 시도였어. 새로운 미술가들은 발전하기 위해 아는 것을 잊어버리려고 했어.

잠깐! 이걸 젊은 너희한테 설명하게 돼서 기쁘구나. 이 화가들과 같은 문제를 너희 역시 안고 있으니 말이야. 세잔은 아는 것이 없어서는 안 되지만 조상에게 물려받은 사고방식으로만 생각할 수 없다는 것을 알았어.

너희도 부모님이나 선생님으로부터 배운 것을 잊어서는 안 되지만, 스스로 생각하는 능력도 길러야 해. 어떻게 하느냐고? 아는 것을 활용해서 '모든 것을 다시 생각하기', 이게 유일한 방법이야.

세잔이 쓴 글을 찬찬히 읽어 보렴.

사냥에 대한 자신의 바람을 동굴의 둥근 지붕 아래 새겨 넣은 최초의 인간들이나 직접 만든 묘지 벽에 벽화로 자신들의 천국을 표현한 선한 기독교인들을 생각하면 모든 걸 스스로 만든 그들의 솜씨와 정신 그리고 인상에 감탄한다. 풍경 앞에서 그러한 것까지도! 내가 솔직하게 그림을 그리는 것 같다고 느끼는 날이 있다. 나는 내가 어리석음을 잘 알기에 완전하게 작업할 수 있는 공식을 알고 이를 이루고 싶다. 가장 최악의 쇠퇴는 무지와 솔직함을 두고 장난을 치는 것이니까.

세잔은 자질구레한 일에 휩쓸리지 않는 깨끗한 시선을 되찾고 싶어 했어. 순수하고 깨끗한 시각을 만들고자 하는 소망이 여기서도 다시 나타나게 된 거지.

추상 화가들은 이러한 시각을 추구했어. 그래서 고갱이 타히티로 떠나고, 피카소는 아이처럼 그림을 그리려고 한 거지. 호안 미로도 같은 이유로 아이처럼 그린 거야. 이들은 새로운 것을 찾고 기존의 것을 부수어 현실과 그 인식을 바꾸고자 하는 욕구를 마음속에 지니고 있었어. 결국 스스로 나이가 들었다고 느꼈기 때문에 아이가 되고 싶었던 거야.

어떤 면에서 보면 르네상스의 기운이 다시 살아난 것과 같았어. 인문주의자들이 인간은 스스로 자신을 만들고 세상에서 자신의 위치를 찾아야 한다고 했던 말 생각나? 이러한 신념을 이제 인문주의자들이 아닌 현실을 다시 만들고자 한 미술가들이 가지게 된 거야.

이런 미술가들과 가까운 관계를 맺고 있던 시인이 있었어. 바로 기욤 아폴리네르인데 그는 새롭게 나타나는 경향을 분명하게 설명했어.

"이제 주인이 돼야 할 때이다. 신들이 저마다 자신의 형상과 닮은꼴을 만들 듯

이 미술가들도 그래야 한다. 입체주의는 모방하는 미술이 아니라 절대적 창조에 이르고자 하는 개념적 미술인 고대 미술과는 구분된다."

이제 피카소의 수수께끼가 풀렸어. 피카소는 그의 솔직함과 흥겨움을 되찾으려고 아이처럼 그리고자 했어. 하지만 그는 모든 권력을 가진 왕처럼 지혜로운 아이, 어른들의 자만과 지루함에서 벗어나려는 아이처럼 그리려고 했단다. 그의 행동은 마치 세계 여행을 하고 집으로 돌아오는 것 같았어.

그는 처음 시작하던 그 자리에 있었지만 그 속엔 여행에서 얻은 모든 경험이 담겨 있었지. 오늘날의 미술과 마찬가지야. 우리는 닻을 올리고 떠나서 역사를 공부해야 해. 창조자, 자유로운 존재, 또 아직 세상을 선택하고 만들 수 있는 아이로 스스로에게 돌아오려면 말이야.

내가 처음에 말했었지? 미술사를 공부하면 너희 자신과 상황에 대해 더 잘 알게 될 거라고. 도대체 너희의 상황이 뭘까? 바로 아는 것에서 모든 걸 만들어야 하는 거야!

역사는 한번도 멈추지 않았어.
지금까지 우리가 본 미술가들은 50년도
더 전에 죽었지만 말이야. 그들은 기법의 한계, 가난,
권력 종속, 현실, 기교 등에서 벗어나고자 했어.
그 후엔 어떻게 됐을까?

벗어나야 할 게 더 남아 있었을까? 아마도 그랬을 거야. 적어도 내 생각엔 말이지. 남은 과제는 미술의 진지함과 미술가들의 중요성에 대한 인식에서 벗어나는 거였어. 미술은 놀이와 같아서 누구나 놀 수 있는 거니까 말이야.

이것은 미술이 아이처럼 돼야 하는 또 다른 이유이기도 해. 유명한 화가 장 뒤뷔페는 자신의 명성을 내세워 위협하는 다른 거장들에게 제대로 된 한 방을 날려 주었어.

그는 전시회장에 아이들과 미치광이들이 그린 그림을 가져갔어. 그리고 그는 이런 글을 남겼지.

"더 이상 위대한 인간도 천재도 없다. 우리를 안 좋게 바라보던 훼방꾼 같은 그들도 이제 치워 버렸다.

모든 것이 켄타우로스그리스 신화에 등장하는 상반신은 사람, 하반신은 말의 모습을 한 괴물와 히포그리프말의 몸체에 독수리의 머리와 날개를 가진 괴물처럼 그들이 만들어 낸 것일 뿐. 천재도 유니콘도 없다. 우리는 3천 년 동안이나 그들에게 겁을 낸 것이다!"

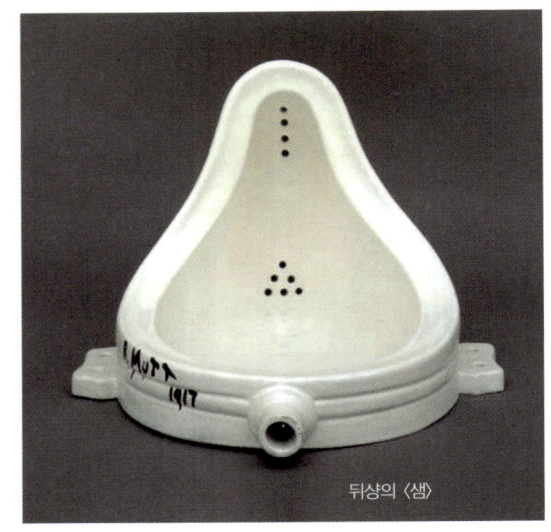

뒤샹의 〈샘〉

이제 현대 미술의 시작에 큰 영향 준 중요한 인물 하나를 소개할 차례야. 바로 마르셀 뒤샹1887-1968이야. 그는 예술과 예술이 아닌 것 간에 차이는 단지 그것이 있는 장소라고 주장했어. 이걸 증명하기 위해 뒤샹은 한 전시회에 그의 서명이 담긴 '변기'를 전시했어.

'화장실'에 있는 변기는 그저 변기일 뿐이지. 하지만 '미술관'에 있는 변기는 하나의 예술 작품인 거야. 변기에 서명을 해서 미술관에 전시하자, 변기는 그냥 변기에서 하나의 작품이 되었지. 비평가들이 그의 주장을 받아들이자 대중들도 결국 받아들이게 됐어.

아직도 뒤샹의 변기는 미술책에 등장하고 전시회나 미술관에 전시되고 있어. 왜냐고? '예술품'이니까. 뒤샹은 자신만의 작품을 만든 거야. 또 다른 그의 창작물은 〈모나리자〉에 콧수염을 그려 넣어 패러디한 작품이야. 일종의 놀이이자 유머라고 할 수 있지.

다른 미술가들도 성과를 얻었어. 팝아트가 그 예야. 사실 〈모나리자〉와 코카콜라 병은 큰 차이가 없어. 어떤 대상이건 예술가가 자신의 서명을 넣어 예술품으로 만들 수 있으니까 말이야. 유명한 예술가 중에 한 사람인 앤디 워홀1928-1987이 이런 말을 했어.

"나는 지폐, 지하철 승차권, 뉴욕에서 태어난 신생아까지 예술품으로 만들려고 뭐든지 서명한다."

모든 게 똑같다면 뭐가 남는 걸까? 바로 '그리는 행위'야. 음, 이걸 어떻게 설명해야 할까…… '액션 페인팅'은 잭슨 폴록1912-1956의 미술을 부르려고 만들어진 용어야.

잭슨 폴록은 43세의 나이에 교통사고로 죽었어. 가난했고 잘 알려지지도 않았지. 한 비평가는 그의 미술을 이렇게 표현했어.

"그는 이미지가 아닌 행동을 그림에 반영해야 했다. 폴록은 머릿속에 있는 이미지를 가지고 캔버스에 다가가지 않았다. 손에 쥔 하나의 재료로 다른 재료를 다른 형태로 바꾸고, 또 그 재료로 다른 재료를 다른 형태로 바꾸는 식이었다. 이미지는 이러한 재료들이 만나는 결과가 될 것이다."

한 가지 예를 들어 볼게. 춤은 추는 순간 사라지는 행위야. 춤에도 서명을 하면 그 이미지가 영원히 남겠지만 그건 더 이상 춤이 아니겠지. 그런 미술가들의 생각이 바로 이거였어. 중요한 것은 그림을 그리는 것춤추는 것이고, 그림춤의 경우 서명된 이미지은 단지 하나의 기억이자 일어난 일의 흔적일 뿐인 거야.

기존의 틀을 깨는 데 빠져 있던 폴록은 캔버스를 절대 쓰지 않았어. 그는 천을 바닥에 펼쳐 놓고 '드리핑' 기법을 사용해 천에 액상 물감을 칠했어. 드리핑은 표면에 색을 떨어뜨리는 것을 말해.

    몇몇 미술가들은 여기서 좀 더 나아가 아무런 이미지를 남기지 않고 오로지 행위에만 몰두하기도 했어. 그들은 이것을 '사건'을 의미하는 '해프닝 happening'이라고 불렀어.

    그렇다면 보존될 수 있는 작품을 전혀 남기지 않는 조형 예술의 거장이 있을 수 있을까? 무용가의 경우와 마찬가지로 대답은 '있다'야. 예컨대 연기나 빛 아니면 컴퓨터로만 그림을 그려도 충분하겠지. 사라지는 형태를 화면에 그린다고

생각해 봐.

중요한 것은 그리는 행위 그 자체야. 흔적을 남기지 않는 행위 말이야. 작품이 없으니 작품의 질에 대해 이야기할 수도 없어. 대신 미술가가 행동하는 방식은 평가할 수 있겠지.

자, 이제 중요한 도약을 할 거니까 다들 준비해! 예술 행위는 일상적인 행동이 아니라 창조적으로 무언가를 새로 만들었을 때라고 할 수 있어. 한마디로 '자유로운' 행위여야 하지.

자유라는 단어는 이미 여러 번 봤지? 하지만 이번엔 따옴표 안에 넣어 강조하고 싶었어. 내가 방금 말한 건 내가 만들어낸 게 아니라 요셉 토이스라는 아주 유명한 미술가가 한 말이야. 그는 '우리 모두 창조자가 될 가능성이 있으니 모두 자유로울 수 있다는 걸 깨닫는 게 중요하다'고 생각했어. 또 이런 글을 남기기도 했어.

"내 기본 명제는 '모든 사람은 예술가다' 이다. 이것이 내가 미술사에 기여 하는 점이다."

요셉 보이스는 왜 그렇게 '창조'를 강조했을까? 무엇보다 2차 세계 대전의 끔찍함을 경험했기 때문이야. 또 히틀러를 통해 한 명의 야망 때문에 수백만 명의 독일인이 얼마나 큰 고통을 겪었는지도 잘 알기 때문이지.

그는 이런 비극이 다시 일어나지 않도록 하는 유일한 방법은 인간들이 스스로 창조하고, 저항하고, 자유로울 수 있는 능력을 가졌다는 사실을 깨치는 거라고 생각했어. 그래서 개척하고, 계획하고, 창조해야 하는 거야.

행동하고, 행동하고, 행동하라! 하지만 춤처럼 부드러워라! 알겠지? 이 때문에 미술사는 자유의 역사라고도 할 수 있는 거야. 전에도 말했지만 말이야.

그렇다면 선사 시대 사람들은 자유롭지 않았을까? 맞아. 그들은 아는 것도 많지 않고 경험도 부족했어. 또 역사의 가르침을 제대로 활용하지도 못했지. 두려움이 많았다고나 할까?

자유로워지려면 얽매여 있는 많은 것에서 벗어나야 해.

미술사는 인류 역사 그 자체의 아름다운 상징이야. 감격적인 사건들을 겪고 난 뒤 우리는 드디어 자유를 얻었어.

하지만 이제 이 자유를 가지고 무엇을 해야 할까? 아무거나 해도 상관없을까? 모든 행위는 같은 것일까? 얼굴을 그리는 레오나르도 다빈치나 대리석으로 모세의 형상을 만드는 미켈란젤로가 서양식으로 물감 몇 봉지를 던져 그림에 칠하는 것과 똑같을까?

미술과 모든 조형 예술은 천 가지에 달하는 경향을 만들어 냈어.

알브레히트 뒤러보다 더 섬세하게 실제를 재현하는 초현실주의에서부터 온통 흰색뿐인 그림이나 사물을 쌓아 놓고 예술 작품이라 부르는 것까지 매우 다양하지.

지금의 문화는 이미지 문화라고 할 수 있어.

그림으로 그려진 이미지, 사진으로 남은 이미지, 컴퓨터로 만든 이미지 등……. 만화, 포스터, 그라피티_{벽이나 화면에 그린 그림}, 비디오, 새로운 형태, 디자인, 클립 등 모두가 삶의 일부가 됐어.

미술은 자신을 묶고 있던 끈을 끊었어. 항해를 위해 밧줄을 끊은 배처럼 말이

야. 지금은 어떨까? 자유롭다고 느끼는 것은 아름답지만 한 가지 문제점을 제기해. 청소년이나 젊은이들이 겪는 문제와 비슷하지.

자주적이고 독립적이 됐으니 부모님이나 옛날 사고방식에서 벗어나 하고 싶은 대로 할 수 있지만 금세 이런 기쁨이 걱정거리로 바뀌고 마는 것처럼 말이야.

"이제 뭘 해야 하지?"

"세상을 처음부터 새로 만들어 가야 하는 건가?"

하지만 그러기엔 인생은 너무 짧지. 낡은 건물을 부술 수는 있겠지만 남은 텅 빈 공간에 있으면 허전함을 느끼는 법이잖아. 중요한 건 앞으로 뭘 지을 것인지 정하는 거야.

역사를 통해 배운 건축에 대한 지식이 많잖아. 그걸 응용해야지!

이제 와서 동굴에서 살거나, 통나무와 나뭇잎으로 집을 만들거나, 다시 아치형 지붕, 시멘트, 금속 구조물을 만들 순 없잖아? 대신 지혜롭게 과거를 활용해 아름다운 미래를 만들어야 해. 역사는 도약판과 같아.

도약판에서 받은 힘으로 뛰어올라 거기서 멀어지게 돼. 하지만 공중을 누비는 사이에도 그 힘이 지탱해 주는 거지.

세상이 어디로 갈지 모르는 것처럼 미술도 어디까지 나갈지 모르겠어.

하지만 나는 그 길을 똑똑한 사람, 인간의 역사와 그 필요성과 열정을 잘 아는 사람, 커다란 창의력으로 움직이는 사람, 인류가 만든 모든 좋고 아름답고 고귀한 것을 자기 것으로 만들고자 하는 사람, 자신뿐만 아니라 다른 모든 이들의 삶을 가치 있게 만들어 줄 원대한 계획을 실천해 옮길 수 있는 지혜를 가진 사람이 제시해

줬으면 해.

　이 말을 해 주려고 미술에 대한 이 책을 쓰고 싶었어. 그리고 너희가 그런 사람이 되길 진심으로 바랄게.

명화로 배우는 즐거운 역사

뒤샹은 왜 변기에 사인을 했을까?

초판 1쇄 발행 2012년 4월 30일 | 초판 5쇄 발행 2020년 3월 25일
글쓴이 호세 안토니오 마리나 | 그린이 안토니오 밍고테 | 옮긴이 김영주
펴낸이 홍석 | 편집부장 이정은 | 편집 차정민 · 이은경
디자인 이모나 | 마케팅 홍성우 · 이가은 · 이송희 | 관리 김정선 · 정원경 · 최우리
펴낸곳 도서출판 풀빛 | 등록 1979년 3월 6일 제 8-24호
주소 서울특별시 서대문구 북아현로 11가길 12 3층(북아현동, 한일빌딩)
전화 02-363-5995(영업) 02-362-8900(편집) | 팩스 02-393-3858
전자우편 kids@pulbit.co.kr | 홈페이지 www.pulbit.co.kr
블로그 pulbitbooks.blog.me | 인스타그램 instagram.com/pulbitkids

ISBN 978-89-7474-015-3 73600

이 도서의 국립중앙도서관 출판시도서목록(CIP)은 서지정보유통지원시스템 홈페이지(http://seoji.nl.go.kr)와
국가자료공동목록시스템(http://www.nl.go.kr/kolisnet)에서 이용하실 수 있습니다.(CIP제어번호 : CIP2016003990)

＊책값은 뒤표지에 표시되어 있습니다.
＊파본이나 잘못된 책은 구입하신 곳에서 바꿔 드립니다.

KC	**품명** 아동 도서	**사용연령** 11세 이상	
	제조국 대한민국	**제조년월** 2020년 3월 25일	
	제조자명 도서출판 풀빛	**연락처** 02-363-5995	
	주소 서울특별시 서대문구 북아현로 11가길 12 3층 (북아현동, 한일빌딩)		
	주의사항 종이에 베이거나 긁히지 않도록 조심하세요.		
	책 모서리가 날카로우니 던지거나 떨어뜨리지 마세요.		
	KC마크는 이 제품이 공통안전기준에 적합하였음을 의미합니다.		